Rezensionsexemplar

Herzliche Grüße,

Christine Ott

stellwerck

Zum Buch
24 Autoren der Jahrgänge 1972-1988 stellen in der Anthologie Auszüge ihres literarischen Schaffens vor. In *Signalstärke: hervorragend* sind die verschiedenen literarischen Formen und Themen ein vielseitiges Abbild dessen, was an jüngster deutschsprachiger Literatur besteht und schon heute einem Publikum vorgestellt werden soll. Neben Gedichten und Kurzgeschichten finden sich parabelhafte und szenische Texte. Sie wurden alle von Studenten verfasst, für die meisten ist dies die erste Buchveröffentlichung. Die Zeichnungen stellen einen eigenständigen Beitrag dar.

Signalstärke: hervorragend
Stellwerck Lesebuch 1

Stellwerck Verlag

1. Auflage 2009
© dieser Ausgabe: Stellwerck Verlag, Würzburg
Alle Rechte vorbehalten

Textauswahl: Christine Ott, Michael Pfeuffer, Christiane Busch, Annalena Schott
Lektorat: Annalena Schott, Christine Ott
Cover, Typographie, Satz: Michael Pfeuffer
Druck und Bindung: Druck- und Verlagshaus Mainz, Aachen
Printed in Germany
ISBN: 978-3-941949-00-3

www.stellwerck.de
lesebuch@stellwerck.de

Inhalt

Vorwort	9
Axel Roitzsch *Die Spiegelachse*	15
Stefanie Rudolf *l'amusement du diable*	21
Stefanie Rudolf *rückgrats(ver)lust*	22
Annika Blanke *Einer von ihnen*	23
Oliver Berger *(ohne Titel)*	26
Ralph Großmann *Aber Mr. Furgison*	30
Stefan Geyer *Niemand wandelt ungestraft zusammen*	35
Anja Kruse *neues betriebssystem*	37
Jan-Philipp Dietl *Roboterträume*	38
Stefan Schwinghammer *Bitumen an meinem Holzbein*	45
Dorothea Weismantel *Kinderspiel*	47
Maria Held *Ein einziger Kuss*	49
Annelie Kaufmann *Radikale/Regatta*	53
Simon Herzhoff *Passanten*	55
Simon Herzhoff *Selbsterfahrung*	55
Patrick Wacker *Der Tag, an dem ich herausfand, dass ich nicht der Mittelpunkt der Welt bin*	56
Sonja Weichand *Leer*	65
Annelie Kaufmann *ich esse malente*	67
Linda Werner *Briefe an Frau Feser*	68

Dorothea Weismantel *Lichtlos*	75
Christian Schepsmeier *Mein Haus*	80
Linda Werner *Zehn Jahre Sehnsucht*	81
Linda Werner *Die schlechte Reimung*	83
Philip Krause *Der Morgen, an dem ein kleiner Kerl an meinem Bett stand*	84
Anja Kruse *glashaus*	91
Peter Podrez *Limerick I*	94
Peter Podrez *Limerick II*	94
Oliver Berger *Synthetische Gedanken*	95
Jürgen Braun *biomasse*	106
Catarina von Wedemeyer *(ohne Titel)*	107
Stefan Schwinghammer *Mensch im Anfahrtsweg*	108
Martin Lerzer *Der Anruf*	112
Annika Blanke *Autobiographie*	114
Christian Ritter *Der Roman*	115
Anja Kruse *Stilbruch*	122
Oliver Berger *Die Menschen sind bunt*	123
Nathalie Keigel *Totgeburt*	126
Mitwirkende	143

Vorwort

Endlich ist der Zug abgefahren – losgefahren. Man hat bereits auf uns gewartet. In Deutschland, seinen Nachbarstaaten und weiteren europäischen Hochschulorten haben wir geworben, haben sie erreicht, die jungen Schreibenden, die eine Veröffentlichung wagen wollen.

Mit Stellwerck. Dem Verlag von Studenten, der den Aufruf aussendet: Kommilitonen, stellt euch! Schickt uns eure Texte, wir verschaffen ihnen ein Publikum – sofern das Eingesandte qualitativ überzeugt.

24 Autoren zeigen in diesem Lesebuch Auszüge aus ihrem literarischen Schaffen. Lyrisches wird neben epische und dramennahe Formen gestellt. Die Zeichnungen sind keine Illustration, sondern ein eigener Beitrag zum Buch.

Auf den ersten Blick lassen sich die formal wie thematisch unterschiedlichen Texte kaum auf einen gemeinsamen Nenner bringen. Sieht man genauer hin, fällt auf, dass viele vom Versagen erzählen. Vom Scheitern an gesellschaftlichen Anforderungen, vom Abarbeiten an Anforderungen an sich selbst. Oder vom Scheitern am unausweichlichen Unvermögen: Der Mensch wird in Situationen geworfen und muss beim Versuch scheitern, für diese Herausforderungen Lösungen zu finden, weil es für sie keine gibt.

Im gegenwärtigen Literaturbetrieb gibt es nichts, was mit Stellwerck vergleichbar wäre. Der Verlag und seine Veröffentlichungen sind einzigartig, weil das Konzept ein eigenwilliges und ungewöhnliches ist: Studenten gründen einen Publikumsverlag mit dem Zweck, Jungautoren einen Einstieg in den Literaturbetrieb zu ermöglichen. Das Programm wird ausschließlich aus den Manuskripteinsendungen erstellt, der Verlag macht weder thematische noch formale Vorgaben. Die Qualität der Texte muss wieder ausschlaggebend für eine Veröffentlichung sein, nicht Aspekte der Vermarktung, der Bekanntheitsgrad des Autors oder seine persönlichen Kontakte in die Verlagsbranche; das ist unser Anspruch.

Die Reihe *Stellwerck Lesebücher* bietet einer Vielzahl von jungen Schreibenden eine Plattform, jedes Jahr soll ein Titel erscheinen. Wer heute schon lesen will, was morgen erst den Weg auf den Literaturmarkt finden wird, muss Stellwerck Bücher lesen.

Stellwerck will weiter gehen,
Signalstärke: hervorragend ist der Anfang.

Würzburg, September 2009
Christine Ott, Michael Pfeuffer, Christiane Busch, Annalena Schott

Oliver Kraft
hinein, worin

zehnteilige Serie von Zeichnungen
je ca. 21 x 21 cm, Bleistift auf Papier

www.oli-kraft.de

Das heile Haus mit Dach, Mauer, Fenster und Tür gibt es nur noch in Märchenbüchern. Materielle und immaterielle Kabel haben es wie einen Emmentaler durchlöchert: auf dem Dach die Antenne, durch die Mauer der Telefondraht, statt Fenster das Fernsehen, und statt Tür die Garage mit dem Auto. Das heile Haus wurde zur Ruine, durch deren Risse der Wind der Kommunikation bläst.

Vilém Flusser
Durchlöchert wie ein Emmentaler

Axel Roitzsch
Die Spiegelachse

0:57 Uhr
Eine Puppe fällt rücklings vom Regal herunter. Yuki greift nach ihr, zu spät. Eine Handbreit Platz ist zwischen Wand und altem Brettergestell, dort hängt sie fest, auf der Höhe eines zerbeulten Radios. Vier Jahrzehnte Platz ist zwischen Puppe und Radio, noch mal ein Jahrzehnt zwischen Puppe und Yuki. Ihre Fingerspitzen erreichen einen Zipfel vom Kleidchen, ihr Ellenbogen stößt das Radio beiseite, die Tür zu ihrem Zimmer springt auf. Eine Handbreit später verschwimmt Yukis Blick und Schmerz fährt in den Hinterkopf, die Schläfen entlang, nimmt ihr die Sicht. Farben kehren sich ins Negativ, grüne Kleckse überall, Geräusch und Geschrei lassen Herzen höher schlagen und ein gefühltes Jahrzehnt später kauert neben ihr die Mutter, zitternd. „Es wird alles gut, mein Schatz, das wird nie wieder passieren, ich verspreche es. Wir gehen hier weg." Das Radio summt weiter.

15:35 Uhr
Dieses Klopfen den ganzen Tag, hört ihr nicht, ICH BIN NICHT HIER!

18:23 Uhr
„Mach bitte das Radio aus", sagt Yukis Mutter und stemmt sich gegen die Kofferraumklappe, „und runter vom Fahrersitz." Ein Ruck, der Kofferraum ist zu. „Fahren wir los?" – „Ja." – „Kommt Papa mit?" – „Nein." – „Ist Papa wieder unterwegs?" – „Ja. Aber diesmal kommt er nicht wieder."

Montagabend in der Provinz. Die Dämmerung setzt früh ein, in den Häusern flimmert bläuliches Licht. Ein paar Gestalten ziehen Vorhänge zu und lassen Rollläden herunter. Yukis Kopf ist schwer, nach rechts gedreht, der Verband, er rutscht sonst. „Schau einfach aus dem Fenster und beweg dich nicht", wird gemahnt. Am Straßenrand aber nur Fußwege, kläffende Köter und Hauseinfahrten, irgendwann Dunkelheit, Lichtkegel und Erinnerung. Dann Ruhe.

18:40 Uhr
Von mir muss man wissen, dass ich ein Kind getötet habe. Auch wenn das alle abstreiten. Außer das Kind, es würde sich genau erinnern. Zehn Jahre alt war es, ein Junge. Grundgütiger, dieses Gefühl danach. Erinnerung sonst schwach, man sagte mir nur, ich hätte geweint. Man sagte mir auch, ich wäre es gar nicht gewesen, ich hätte gar nicht getötet. Was für ein Bullshit. Warm war er doch noch. Nun sitze ich in meiner Wohnung und betrachte mein Radio. So kann ich dem Klopfen ausweichen, diesem Gehämmere an meiner Tür.

19:01 Uhr
Das Schreien des kleinen Bündels auf dem Beifahrersitz weckt Yuki auf – ihr kleiner Bruder, dauernd wurde er vergessen. Nun wieder, bläulich angelaufen, schreit er lauter als der Schneesturm. Er merkt, wenn ihn niemand beachtet. Gedanken verschaffen sich Gehör in Yukis Bewusstsein: Warum steht die Tür offen? Fehlt Mutter? Wo sind wir? Das Auto steht. Vor Kälte steife Gliedmaßen verhindern schnelles Handeln. Der Gurt, ihn losmachen, auf den Fahrersitz klettern, Autotür schließen. Geschafft, nur der Verband ist verrutscht. Das kleine brüllende Knäuel; als ob sonst niemand alleingelassen wurde. Was nun? Mutters Sitz ist noch warm. Keine Geräusche, nur der Kleine, er friert.

19:29 Uhr
Ich warte und höre, und so langsam springt mir mein Nichtsnutz aus dem Gesicht. Hinein in den Spiegel direkt vor mir. Jetzt klingelt es. Ich betrachte mein Leben in diesem Spiegel – der Sprung in der Mitte ödet mich an. Wie ein Stern sieht er aus. In sternenklaren Scherben liegt meine Welt, wie mein Gesicht, ich sehe es. Mein Schönstes wurde mir genommen, ich weiß es.

19:30 Uhr
Alles verstehen heißt nicht, alles vergeben, ja, die Sache mit dem Schicksal wird maßlos überschätzt. Mir kann ich nicht vergeben. Am schlimmsten: Der Spiegel kann mir nicht sagen, was hinter mir liegt. Mein Spiegelbild verdeckt es. Ein Sprung in der Geschichte ist nicht möglich.

20:30 Uhr
Decken von der Rückbank liegen nun auf dem Beifahrersitz, ob das Kleine sich beruhigt hat oder nur nicht mehr zu hören ist, weiß Yuki nicht. Warum hört niemand Yuki? Hilfe holen, aber wie? Zum zehnten Geburtstag gab es kein Handy, nur einhundertzwanzig bunte Wachsmalstifte. Protest sinnlos.

Kurze Traumfetzen wechseln sich ab mit dem Blick auf die Uhr, nichts ändert sich drinnen wie draußen, vom kleinen Bündel kein Mucks. Die Scheiben laufen an. So wie Papa, der immer sagte: „Keine Panik!", und doch mit hochrotem Kopf herumfuchtelte. Yuki sang. Keine Melodie, nur Töne, das machte sie immer, manchmal grundlos, manchmal aus Langeweile, manchmal aus Angst. Immerhin half es. Wenigstens ein Weilchen.

21:00 Uhr
Meine Mutter hat immer gesagt, Nettigkeit gegenüber Menschen wäre nur ein Aufbäumen gegen die Angst vor Vereinsamung, ehrliche Sympathie gäbe es gar nicht. Ich

habe dazu keine Meinung. Mein Problem ist das Gewissen. Und die Sache mit dem Schicksal. Das Leben wird überschätzt, hat man es mal zu Ende gehen sehen. Alternativen zum Schicksal? Freiheit peu à peu, Freitod schon eher. Und der bleibt ihm verwehrt. Das hat er doch nicht verdient. Ich halte es nicht mehr aus.

21:59 Uhr
Die Welt bewegt sich an mir vorbei und das Klopfen ist lauter als ihr Schall. Ich höre sie gar nicht mehr. Nur ihr Echo, aus dem Radio. Die Zeit ist lang, wenn ihr Inhalt Vergehen ist. Im Bad das Gleiche, hier tropft der Wasserhahn ins Becken, sein Echo: ein Klopfen. Ihn abdrehen ginge, aber was, wenn es weiter klopft? Dann hilft kein Drehen mehr. Die Herausforderung ist nicht die Sache, sondern die Konsequenz! Das hätte von meiner Mutter sein können... Ich hasse mich, wenn ich so rede. Da wache ich dann morgens auf und habe Kopfschmerzen. Fremdes zu denken, tut weh. Sie wollen mich holen und sagen: „Alles wird gut, Edward, mach dir keine Sorgen, Edward. Edward, du hast nicht getötet! Edward!" Zum Teufel, ich brate mir zum Abendessen Heringe.

22:00 Uhr
Im Auto ist es still. Die Kälte schneidet jeden Ton, lässt Urin gefrieren, färbt den Atem weiß. Das Auto verlassen? Viel zu gefährlich. Katakomben aus schwarzem Astwerk rundherum und Yuki weiß, dass Tiere nachtaktiv sind. Vor allem die großen. Schon von innen Frost an den Scheiben.

22:01 Uhr
Nach dem Leben ist vor dem Leben – diesmal von meiner Schwester. So ähnlich: Das Leben wird überschätzt, es ist die Phase zwischen dem ersten und dem zweiten Tod. Bullshit. Es ist so einfach, Regeln zu befolgen. Warum habe ich es nicht getan? Easy-going, keine Fragen stellen,

handeln, warten. Der Kleine würde noch leben. Und keiner würde klopfen. An der Tür, am Fenster, im Radio, am Telefon, in meinem Kopf. Es ist erstaunlich, wie viel Zeit man hat, wenn man das wegrationalisiert, was man gern, aber vergebens macht. Leben zum Beispiel.

22:10 Uhr
Yuki denkt scharf nach. Weinen hilft nicht mehr, die Kälte lässt auch Tränen gefrieren. Und das schmerzt. Den Kopf leicht nach links drehen, aber aufpassen, dass der Verband nicht rutscht, dort, der Zündschlüssel, er steckt noch. Da ist eine kleine Taschenlampe dran. Und los! Raus aus dem Auto mit zwei Decken um die Schultern, der Kleine wird's überleben. Yuki auch.

23:22 Uhr
Ich vergeude Zeit. Es gibt keine härtere Methode, sich des eigenen Lebens bewusst zu werden. Das ist man den Toten schuldig, und ich erst recht. Vom Leben sollte man nicht töten lernen. Es sagt mir nicht, wer ich bin. So wie der kaputte Spiegel. Fragmente. So wie: Begehrt werden will das Tier im Menschen, der Rest strebt zu den Sternen. Ratet, von wem? – Ich bin dabei verglüht. An meiner Tür hämmert es, ich werde noch wahnsinnig. Aber ich werde ihnen nicht glauben, denn ich weiß, wie es passierte. Meine Hand verlor ihr Gleichgewicht, rücklings fiel er hinunter nach der Ladung Wut im Gesicht. Und dann das rote Blut. Manche sagen, Zufriedenheit liegt nicht in den Dingen, sondern im einfachen Sein, man wisse dann schon, was Glück bedeutet. In diesem Moment wusste ich immerhin, was Glück nicht bedeutet.

01:34 Uhr
Es ist schon immer Stilkunst gewesen, meines Selbstbildes Silhouette an der Kontur meiner Existenz auszurichten. Bitter nur, dass ich nie zeichnen konnte. Warum nicht?

Fragt meine Mutter; sie hat mir immer nur vorgelesen. Von Anfang an sagten alle, ich wäre es gar nicht gewesen, sie sagen, ich sei schizophren und paranoid und würde Selbstgespräche führen. Bullshit. Nun wollen sie mich holen und wegpacken, das lese ich in ihren Gesichtern. Von denen kann auch keiner zeichnen. Natürlich glaube ich ihnen kein Wort! Endlich lässt das Klopfen nach. Ich wusste schon immer: Wenn ich mich für etwas entscheide, verliere ich etwas anderes. Ich lasse es eiskalt hinter mir.

03:00 Uhr
Unwissenheit ist ein Segen. Der Spiegel zeigt, was übrig bleibt, ohne die Geschichte, hinter mir ist nichts. Des Spiegels Geschichte? Hinfällig, hinter ihm ist nur die Tür, an der er hängt. Mache ich diese auf, liegt da eine Puppe mit einem Mädchen an der Hand, erfroren. Niemand klopft mehr. Ich mache die Tür wieder zu.

Stefanie Rudolf
l'amusement du diable

würden doch nur einmal zur mitternacht
hier auf den feuchten kacheln
die unterweltsmakler
sich zeigen
mit einer tüte voller kristalle: ihre lippen
wie eiszapfen oder faltdrachen
spitz bis zum
abbrechen:
& den spuren vom letzten jahr:
dem zeichen in der stirn
tiefgefurcht:
ein gruß aus der küche –
eine halbe nase
oder
vielleicht nur
ein offenes
ohr

Stefanie Rudolf
rückgrats(ver)lust

die spinnengewinde
ziehen im verborgenen
die fäden aus deinem
nackensyrup
der zäh sonst die trägen zahn-
räder in ihren webstühlen verklebt,
und sie betört, sie verführt
bevor er sie bersten lässt
& den du suchst,
der dir irgendwie - und wie -
abhanden gekommen ist:
jeden morgen
bei einem steifen
blick aus dem bett

Annika Blanke
Einer von ihnen

Er könnte es tun. Wenn er wollte. Es wäre gar nicht so schwer. Er würde zur Kühltheke gehen, die Milchkartons gründlich auf ihr Haltbarkeitsdatum prüfen, währenddessen den Karton öffnen, die Milch in eine Flasche umfüllen, den Karton wieder zurückstellen und gehen. Aber so einer war er ja nicht.

Langsam schritt er an den Regalreihen des Supermarkts entlang. Der Zeitpunkt war perfekt. Morgens um acht waren nicht viele Leute da, um neun oder zehn würden sie hereinströmen, die Rentner mit ihren Gehhilfen und die Mütter mit ihren ungezogenen Kindern, würden Eistee und Klopapier kaufen, Gummibärchen für die Kleinen und Kukident für die Alten. Jetzt war er fast allein. Das frühe Aufstehen hatte sich gelohnt. Eine junge Frau mit MP3-Player stand am Müsliregal. So konzentriert, wie sie die Kalorientabellen las und verglich, würde sie ihn gar nicht bemerken. Ebenso wenig der Mann im Rollstuhl, der umständlich einen Sechserträger Mineralwasser auf seinem Schoß platzierte. Gut so. Er schaute sich noch einmal genau um, warf sicherheitshalber noch einen Blick Richtung Eingangstür und begann systematisch die Gänge entlangzustreifen. Zum Glück konnten seine Arbeitskollegen ihn jetzt nicht sehen. Vor dreißig Minuten hatte das erste Meeting begonnen. Dass sie vielleicht auch mal hier einkauften, konnte er sich sogar vorstellen. Samstags. Wenn der Kühlschrank leer war. Sonst nicht. Lieber zehn Minuten länger zum Einzelhändler fahren, als hier einzukaufen. Letzte Woche glaubte er, einen jungen Kollegen aus der Controlling-

Abteilung hier gesehen zu haben. Vielleicht hatte er sich doch geirrt.

Es war perfekt. Fast niemand da und niemand, den er kannte. Er könnte es tun. Aber so einer war er ja nicht. Zögernd näherte er sich der Kühltheke. Schon zwei Schritte bevor er an sie herantrat, konnte er den kalten Dampf an seinem Arm spüren. Er zuckte zurück. Unsinn, sagte er entschlossen zu sich und zwang sich zur Ruhe. Er griff zu. Milsana, die mit 0,5 % Fett. Es war ihm egal. Die junge Frau hatte sich für ein Müsli entschieden, der alte Mann war fort. Bis auf die Kameras niemand, der ihn sehen konnte. Er nahm den Milchkarton und trug ihn unauffällig in die Ecke zu den Aufbackbrötchen. Hier konnte ihn niemand sehen. Er wusste es. Als er das erste Mal gesehen hatte, wie ein Jugendlicher sich eine Packung Kekse aufgerissen hatte, war er sofort fasziniert gewesen. Im Grunde genommen war es noch nicht einmal Stehlen. Je öfter er dort einkaufte, desto mehr fiel es ihm auf. Ungewöhnlich viele Leute hielten sich auffällig oft in dieser Ecke auf, das Gesicht zur Wand. Leute, die nachher nichts kauften. Auch fand er zwischen den Brötchentüten viel Müll. Hier eine aufgerissene Haribo-Tüte, dort einen angebrochenen Joghurtbecher. Er wusste, was das bedeutete.

Mit der langsamen Bewegung der Selbstverständlichkeit nahm er den Karton von der rechten in die linke Hand und fingerte die kleine Glasflasche aus der Jackentasche seines Anzugs. Er hatte die Taschen extra etwas weiter schneidern lassen. Damals. Jetzt zahlte es sich aus. Er bemühte sich, beim Aufschrauben des Verschlusses nicht zu kleckern. Das Umfüllen klappte problemlos. Er stellte die halbvolle Tüte zurück in die hintere Ecke des Regals, drehte sie noch ein wenig, das Etikett nach vorne. Sie sah aus wie alle anderen. Die Flasche steckte er in die Jackentasche.

Im Vorbeigehen griff er nach einer Packung Chips. Das perfekte Alibi. Eine Hand in der Tasche, in der anderen die

Chips ging er zur Kasse. „Ich habe es eilig", raunte er der Kassiererin unfreundlich zu. Er log. Er war so ruhig wie nie zuvor. Sanft strich er über die Flasche. Sie fühlte sich angenehm kühl an. Er zahlte und verließ den Supermarkt. Niemand hielt ihn auf. Er war einer von ihnen. Ziellos fuhr er vier Stunden durch die Gegend. Dann fuhr er nach Hause. Seine Frau wartete schon. Er wusste, dass sie fragen würde. Er zog die Schuhe aus, stellte sie ordentlich in einer Reihe neben die anderen. Echtes Leder. Schwarz. Geputzt. Teuer. Das Jackett hängte er in den Schrank, die Seidenkrawatte legte er dazu. Behutsam griff er nach der Glasflasche, drehte sie, sah zu, wie die weiße Flüssigkeit schwappte, kleine Bläschen bildete, gluckerte.

Er war einer von ihnen. Als er es das erste Mal gesehen hatte, vor zwei Wochen, war er gerade gefeuert worden. Banker. 80.000 Euro Jahresgehalt. Das hatten sie nun davon.

„Wie war es auf der Arbeit?"

„Nichts Besonderes."

Er kippte die Milch in den Ausguss und ging ins Wohnzimmer. Das Essen wartete schon.

Oliver Berger
(ohne Titel)

Bin ich nicht durch das Schilf gebrannt? Habe ich nicht das ewige Moor durchglüht?

Als der Mond sein blaues Licht durch das Blätterdach fallen ließ. Als der wässrige Boden es in mein Gesicht zurückwarf. Da eilte ich hastig durch die eisige Nacht. Glühend stemmten sich meine Fußsohlen gegen die feuchte Erde. Meine Schritte zogen dampfende Spuren durch das klamme Stück Land.

Bin ich nicht durch das Schilf gebrannt? Habe ich nicht das ewige Moor durchglüht?

Karg und dünn war die Luft. Mein Atem flackerte, meine Lungen schwelten. Nasses Blattwerk peitschte in mein Gesicht. Dick und leuchtend rot gruben sich Striemen in das zuckende Fleisch. Ich hastete weiter, trotz Pein, trotz Qual, schnitt die Luft entzwei mit meinem glimmenden Körper, schritt über spitzen Stein, tanzte an den Gefahren vorbei und wurde schneller und wurde stärker.

Nun sag mir: Bin ich nicht durch das Schilf gebrannt? Habe ich nicht das ewige Moor durchglüht?

Bittere Tränen auf meiner Zunge. Vom Himmel fielen sie in meinen Mund. Kalt umklammerte mich des Nebels totbleiche Hand. Die Glieder zogen sich zusammen. Stehend schwelte ich in die Nacht. Zischend trafen kühle Tropfen die lodernde Haut. Dampf stieg empor zu den Geistern des Waldes. Geweckt durch mich krochen sie hervor. Schlängelnd durchfuhr es schwarz den Boden. Ich blieb nicht stehen und feuerte weiter, brannte heiß durch das Schilf hindurch, durchglühte das ewige Moor. Nichts hielt mich auf. Nichts konnte mich stoppen. Flamme war ich, Glut und Asche.

Brennend rannte ich durch die eisige Nacht. Brennend schon war ich zuvor aus dem Schlafe erwacht. Und brennend hatte ich allein an deine zartweiße Haut nur gedacht. Nun nimm mich entgegen, empfange mich wohl, trotz meiner Tränen, trotz der schmerzenden Schwielen im roten Gesicht. Gepeitscht und gezüchtigt vom finsteren Laub, nimm mich entgegen mit meiner aschenen Haut.

Ralph Großmann
Aber Mr. Furgison

8:30. Mr. Furgison hatte heute einen besonderen Tag vor sich. Er hatte sich sehr viel vorgenommen. Miss Andrews Plan sah dagegen für diesen Tag keine spektakulären Ereignisse vor. Mr. Furgison wusste zu diesem Zeitpunkt noch nicht, dass er morgen zur gleichen Zeit nicht mehr unter uns weilen würde. Auch Miss Andrew wusste zu diesem Zeitpunkt nicht, dass für sie morgen ein neuer Lebensabschnitt beginnen und sie ihr Leben, ihre Umwelt ganz anders betrachten sollte. Und dass sie sich ineinander verlieben würden, ahnten beide ebenfalls nicht.

Wenden wir uns jedoch zunächst dem Leben beziehungsweise Leiden von Mr. Furgison zu.

Mr. Furgisons Leben verlief in den letzten Jahren nicht unbedingt zufriedenstellend. Vor zwei Jahren entschloss sich Mrs. Furgison, die Zeit, in der ihr Mann auf der Arbeit verweilte, mit etwas mehr Unterhaltung auszugestalten. Nachdem aber Mr. Furgison einmal zufälligerweise etwas früher nach Hause gekommen war, überraschte er seine Frau in einer regen Unterhaltung mit einem seiner Arbeitskollegen. Mr. Furgison beschloss daraufhin, doch lieber allein zu leben, ließ aber den Arbeitskollegen noch einmal wissen, weshalb er zu dieser Entscheidung gekommen war. Wenig später musste sich Mr. Furgison wegen unkollegialen Verhaltens einen neuen Arbeitsplatz suchen.

Mr. Furgison hatte ferner bis gestern einen Hund namens Roy. Dieser Hund war lange Zeit sein einziger Lebensinhalt. Nun litt aber Roy an tiefen Depressionen, nachdem er stets jene von Mr. Furgison hatte ertragen müssen. So sah Roy keinen anderen Ausweg mehr, als seinem Leben ein Ende zu setzen. Nach diesem weiteren betrüblichen Verlust erdachte sich Mr. Furgison in der Nacht von gestern auf heute einen Plan, mit dem er es sich und der ganzen Welt noch einmal beweisen wollte. Er schlief mit der Gewissheit ein, diesen Plan in die Tat umzusetzen.

Miss Andrews Tagesablauf war wohl strukturiert. 8:30 aufstehen, vom Schlafzimmer ins Bad, vom Bad in die Küche, von der Küche ins Esszimmer, und jede Station war durch Handlungsabläufe gekennzeichnet, die jeden Tag auf gleiche Weise vonstattengingen. Das Schema lässt sich auf die gesamte Woche übertragen. Mo: Kegeln, Mi: Einkaufen, Do: Bingo und Wochenende: Mutti. Man könnte noch weitergehen und einen ganzen Monat oder gar ein ganzes Jahr von Miss Andrew betrachten, aber das würde dann doch zu weit führen.

Miss Andrew war mit Strukturen aufgewachsen. Ihre Mutter hatte für alles Richtlinien aufgestellt, alle Objekte in Kategorien eingeteilt. Die in etwa lauteten: Das musst du tun, das kannst du tun, das solltest du besser nicht tun und das auf keinen Fall. So hatte alles seine Ordnung und seinen Platz und keine Fragen blieben unbeantwortet. Miss Andrew hat diese Strukturen nicht nur angenommen, sie fühlte sich schon bald als Teil dieser. Beides, ihre Persönlichkeit und jene Ordnung, waren zu einem Ganzen verschmolzen. Ihre Mutter pochte immer darauf: „Hör niemals auf dein Herz, sondern benutze immer deinen Verstand."

Miss Andrew verließ wie jeden Morgen ihr Haus. Sie ging immer denselben Weg und dieser Weg führte sie über einen Zebrastreifen. Sie näherte sich ihm und blieb wie gewohnt zunächst stehen, um abzuwarten, ob die ankommenden Autos ihrerseits auch stehen bleiben würden. Als sie eben losgehen wollte, sah sie einen Mann von der anderen Straßenseite entgegenkommen. Dieser blieb plötzlich wie angewurzelt stehen, schaute mit leerem Blick durch sie hindurch, setzte sich mitten auf die Straße, streckte seine Beine aus und legte sich der Länge nach auf den Boden. Was darauf folgte, kann man sich ja in etwa vorstellen. Autofahrer und Passanten schauten zunächst sichtlich verwundert und ungläubig. Bald jedoch fanden die Autofahrer dieses Verhalten nicht mehr amüsant und gaben ihrem Unmut mit Hupen Ausdruck. Manche schrien üble Schimpfwörter aus den Autos heraus, deren jeweiligen Wortlaut ich Ihnen, liebe Leser, aber nicht kundtun will. Miss Andrew starrte derweil völlig perplex den Mann an, der sich so ungeniert mitten auf die Straße gelegt hatte. An den Fingernägeln kauend und völlig ratlos, wie sie mit dieser Situation umgehen sollte, sprach sie ihn schließlich an. Was sie dazu bewog – Miss Andrew dachte darüber noch lange nach.

Wollen wir uns nun dem Gespräch zuwenden, welches sich zwischen Mr. Furgison und Miss Andrew entwickelte.

„Was machen Sie hier?" – „Ich liege hier. Das sehen Sie doch!" – „Gewiss, dann wissen Sie doch auch, dass dies verboten ist." – „Ja", antwortete Mr. Furgison ruhig und besonnen. „Und warum tun Sie das?" – „Ich protestiere. Ich protestiere gegen mein Schicksal, das so ungerecht gegen mich vorgeht. Ich sehe nicht ein, dieses Schicksal als meines anzunehmen. Ich bleibe hier so lange liegen, bis das Schicksal sich etwas Glückliches für mein Leben einfallen lässt oder wenigstens ganz aus meinem Leben verschwindet." – „Glauben Sie denn, dass das Schicksal sich so einfach, wie soll ich sagen, – erpressen lässt?", fragte Miss Andrew nachdenklich und über sich selbst staunend, in welche Art von Gespräch sie sich gerade verwickeln ließ. „Wir werden ja sehen", erwiderte Mr. Furgison trotzig. „Sie können ja meinen Protest unterstützen und sich zu mir gesellen." Miss Andrews Gedanken trieben nun seltsame Blüten. Das ungeheure Angebot abzulehnen, konnte die einzig zulässige Reaktion sein. Welch ein Irrsinn, mir diesen Unsinn noch weiter anzutun, ging ihr durch den Kopf. Da sah sich Miss Andrew in seinen

Augen. Sie sah ihr Leben, ihr langweiliges, immer geordnetes, regelgetreues Leben. Und plötzlich lag sie neben ihm.

Nun, liebe Leser, blicken wir auf zwei Persönlichkeiten, die offenbar eines gemeinsam haben: Beide liegen mitten auf einem Zebrastreifen, umringt von Zuschauern, Passanten und Autofahrern. Mr. Furgison und Miss Andrew waren ihren Gefühlen gefolgt. Sie hatten das getan, wonach ihr Inneres gestrebt hatte. Miss Andrew war glücklich. Sie befreite sich von Ketten, die sie schon viel zu lange getragen hatte. Das alles verdankte sie Mr. Furgison. In seinen Augen sah sie Ehrlichkeit und unbegrenzte Freiheit. Diese neu entdeckte Freiheit rührte in ihr eine Empfindung, die nur vom Herzen kommen konnte. Ein Gefühl, das ihr bisher nur aus Erzählungen bekannt war. Ein Gefühl von wirklicher Liebe. Miss Andrews Entdeckung der Liebe war aber nur ein erster Schritt, sie verlangte mehr. Sie beugte sich zu Mr. Furgison. Beide berührten sich nun fast mit dem Gesicht und sie spürte seinen Atem. Miss Andrews Herz pochte vor Aufregung. Sie näherte sich Mr. Furgison, bis ihr Mund seinen berührte. Dem folgte nun ein lang anhaltender Kuss. Die sinnlichen Details möchte ich Ihnen, liebe Leser, allerdings nicht aufdrängen.

Mr. Furgisons Protest schien von Erfolg gekrönt. Er war für eine Weile davon überzeugt, dass das Schicksal ihm Glück beschert hatte. Mit diesem Gefühl verweilte Mr. Furgison noch lange auf der Straße. Selbst nachdem Miss Andrew seine Seite verlassen hatte.

Nun scheint diese Geschichte ein glückliches Ende gefunden zu haben. Allerdings schickte ich bereits am Anfang das bedauerliche Ableben von Mr. Furgison voraus, welches ich Ihnen natürlich nicht vorenthalten möchte. In dieser schicksalhaften Situation näherte sich Mr. Furgisons Arbeitskollege dem Zebrastreifen. Die Beifahrerin war eine gewisse Mrs. Furgison, die gerade jetzt auf die Idee kam, den Fahrer durch äußerst ungeziemendes Verhalten vom Verkehr abzulenken. Das Bremsen half nicht. Das Auto knallte gegen das Stauende und die Aufprallenergie wurde bis zum ersten Auto vor dem Zebrastreifen und weiter bis zu Mr. Furgison geleitet.

Mr. Furgison kam sozusagen unter die Räder. Er verstarb noch an der Unfallstelle.

Stefan Geyer
Niemand wandelt ungestraft zusammen

Er schaltete den Fernseher ein und drehte die Lautstärke auf. Als hätte er die Büchse der Pandora geöffnet, brach der tägliche Klingeltonterror über ihn herein. Er blickte zwar auf den Bildschirm, aber sein Blick ging weiter, ging auf einen Punkt, den ich nicht ausmachen konnte. Für den Bruchteil einer Sekunde versuchte ein Gedanke, Gestalt anzunehmen, und raste durch die verwinkelten Äste meiner Nervenbahnen, um dann in den Weiten meines Sprachzentrums verloren zu gehen. Ich wartete. Sekunden, Minuten und Stunden verdickten nach einer schier endlosen Zeit zu einem zähen, ungenießbaren Brei und unterbrachen die Erde in ihrem Lauf, als er sich endlich umdrehte und flüsterte: „Also, das bedeutet mir wirklich viel, dass du hier bist und ... Du weißt schon!"

Die Welt drehte sich weiter. Worte um der Worte willen. Sprechen, um nichts zu sagen, um nichts von sich zu offenbaren. Ich sagte nichts. Stille. Ich bemerkte, wie bloß und roh die Gefühle in seinem Gesicht flossen. Wie ein formbarer Klumpen Knetmasse veränderten sich die weichen Konturen.

Er atmete ein. Eine Überdosis dieses Lebens. „Ist eigentlich auch alles nicht so schlimm! Sie ist ja nicht die Einzige! Ich mein', es gibt ja Tausende von schönen Frauen auf der Welt!"

Ich wusste, dass er sich selbst belog. Ich wusste, dass sie wie jeder Mensch einzigartig war. Ich wusste, dass er sich für diese Liebe hergegeben hatte und niemals wieder der sein würde, der er zuvor gewesen war.

Und ich nickte: „Klar!"

Anja Kruse
neues betriebssystem

ich funktioniere nicht mehr.
außer betrieb.
werde gewartet.
habe gewartet.
zu viel erwartet.
ich dachte, kunst kommt von können.
funktioniere nicht.
ein virus.
eine grippe.
mir ist schlecht.
der reibungslose alltag bereitet mir übelkeit.
ein paar schuhe. ein paar augen. ein paar lippen. ein paar tage
im bett liegen.
„so funktioniert das nicht!", ruft sie und springt von der brücke.
der regen verzerrt mein spiegelbild.
auf der rückseite des spiegels steht:
funktioniert nur bei trockenheit.
und: MADE IN SANE.
ich funktioniere nicht sagen
meine mutter
mein vater
mein lehrer
mein pfarrer
mein staat.
mein nachbar ruft die polizei.
„außer betrieb", sage ich
„wir werden sie neu konfigurieren", sagen sie.
meine augenlider flattern.
ich singe: „falsches system"

Jan-Philipp Dietl
Roboterträume

Böhme bekommt den Anruf von Corbitt um die Mittagszeit. „Ich glaube, mit Frank Palant geht es bergab." – „Dem Science-Fiction-Fantasytypen, der die Shane Vance-Novels geschrieben hat?" – „Genau der. Ich hab' hier ein extrem seltsames Manuskript von ihm reinbekommen. Hast du den nicht damals vor sechs Jahren betreut?" – „Ja, hab' ich – bis er sich mit dem Geld von dem Weltraumlandser-Zeug ein Haus in Kappeln gekauft hat und sich komplett zurückgezogen hat. Wie sieht's denn aus, das neue Zeug?" Corbitt stockt kurz am anderen Ende der Leitung. „Komisch. Seltsam. Kann's nicht so richtig einordnen. Am besten, du siehst selbst mal drüber. Die Leitung will außerdem, dass du mal bei ihm vorbeischaust – es gibt da Probleme mit den Verlagsrechten. Irgendwie hat Palant der Leitung ein paar aufgeregte Briefe geschrieben, droht mit Klage und so, weil er sich über den Tisch gezogen fühlt. Die aus der Leitung glauben, der ist durch die Fantasyfilmwelle der letzten Jahre auf den irren Gedanken gekommen, dass jemand seinen Kram verfilmen könnte, und will neu verhandeln. Die wollen, dass du bei ihm vorbeifährst – vielleicht zu zweit –, und ihm ein bisschen die Hand hältst, dass er sich wieder beruhigt." Böhme hört, wie Corbitt langsam beim Reden einen Bleistift in den elektrischen Spitzer an seinem Pult dreht – eine Angewohnheit, die ihn an Corbitt schon immer störte. „Kann ich machen, schick mir doch mal das Manuskript, damit ich mich auf den Besuch bei Palant einstellen kann." – „Klar, kommt gleich rüber."

Wenige Minuten später ist die E-Mail da. Böhme öffnet den Anhang und fängt an zu lesen.

***

In der entfernten Zukunft hat sich die Menschheit über die gesamte Milchstraße ausgebreitet und ferne Welten besiedelt. Mächtige Konzerne und Kriegsherren befinden sich in einem schon Jahrzehnte andauernden Krieg um Rohstoffe und Territorium, in dem riesige Kampfroboter als Kriegswaffe dienen. Shane Vance ist der beste Roboterpilot der Galaxis. Mit seiner erfahrenen und äußerst gefragten Söldnertruppe, den Red Rangers, hat er schon viele gefährliche Abenteuer überstanden – doch diesmal wird es besonders gefährlich. Die Red Rangers werden ausgeschickt, um den berüchtigten Banditen und Roboterpiloten Black Jack festzunehmen, der schon mehrmals den besten Eliteeinheiten der Planetenpolizei entkommen ist. Als die Red Rangers und die Black Lancers, die Truppe des Black Jack, in den Ruinen einer zerstörten Industrieanlage aufeinandertreffen ...

***

... macht Böhme eine Pause.

„Was liest du denn da Schönes?", fragt ihn Theres, die junge Volontärin aus der nebengeordneten Abteilung. „Den neuen Palant – ist wieder ein famoses Stück Arbeit", antwortet Böhme und lächelt. „Versteh' schon. Palant halt. Hab's schon gehört: Hat sich ein Haus mit der Shane Vance-Reihe verdient und will jetzt anscheinend noch einen Sportwagen dazu." Böhme nimmt einen Schluck von seinem Kaffee und seufzt kaum hörbar. „Ist echt grauenvoll. Aber die Leute kaufen den Kram – hängt vielleicht irgendwie mit Kindheitserinnerungen und verspäteter Pubertät zusammen." – „Furchtbar! – Was ist eigentlich mit dieser Frau aus deinem Dorf, von der du erzählt hast? Hast du sie angerufen?" – „Nein. Ist zu lange her. Geht wohl nicht mehr." – „Schade. Hör zu, alter Mann, ich muss zurück an die Arbeit. Lass den Kopf nicht hängen, denk dran: Was würde Shane Vance jetzt machen?" – „Das weiß ich ungefähr, schließlich hab ich als Junge auch mit Robotern gespielt." Theres zwinkert ihm kurz zu und geht aus dem Aufenthaltsraum in Richtung Aufzug. Böhme fühlt sich mit seinen einunddreißig Jahren manchmal wirklich wie ein alter Mann. Er stellt seine leere Kaffeetasse ab, seufzt noch einmal und geht zurück an die Arbeit.

***

Shane befindet sich nach dem ersten Schlagabtausch gegen die Black Lancers in einer misslichen Lage. Er hat es zwar geschafft, aus dem brennenden Wrack seines Roboters zu entkommen, doch nun jagt ihn Black Jack unerbittlich durch die Trümmer der Industrieanlage. Shane wird von Black Jack in einer Sackgasse in die Enge getrieben – er steht dem mit grünbraunen Tarnfarben bemalten, zwölf Meter hohen Roboter nur mit einer Laserpistole bewaffnet gegenüber. Als er sich gerade anschickt, auf das verdunkelte Cockpit zu schießen, beschließt Böhme, nach Hause zu gehen.

***

Die Schlüssel klappern leise, als Böhme sie auf die Kommode im Flur fallen lässt. Er hängt seinen Mantel an die Garderobe und begibt sich in den größeren Raum seiner Zweizimmerwohnung. Er nimmt den Hörer des Telefons ab und hält kurz inne. Dann wählt er die Vorwahl des Dorfes, in dem er jung war. Null-sieben-null-sieben-zwei ... weiter kommt er nicht. Er legt auf. Er macht sich ein Bier am Küchentisch auf und gibt sich Tagträumen hin.

Fritjoff rief bei Böhme an. Fritjoff war dortgeblieben beziehungsweise war zurückgekehrt, nach all den Jahren. Hatte nach der Schule Bankkaufmann gelernt, dann Betriebswirtschaft studiert und in der Stadt eine Finanzberatung aufgemacht. Fritjoff erzählte ihm am Telefon, er habe gehört, dass Frauke geheiratet hätte. Böhme war mal mit ihr zusammen gewesen, damals, '91 – vor sechs Jahren. Die Trennung hatte er eigentlich schnell verwunden, hatte er geglaubt. Doch manchmal kamen Gedanken daran, was sie denn jetzt so machte, was sie arbeitete, wo sie essen ging, welche Filme sie sich anschaute. Die Grübeleien blieben immer nur für ein paar Sekunden, es gelang ihm, das alles schnell wegzuwischen und mit dem Tagesgeschehen weiterzumachen. Es war – eine Jugendromanze, weiter nichts. Etwa wie Streitigkeiten, die man als Kind mit Freunden hatte und die man vergisst, bis sie als Erwachsener wieder hochkommen. Die Gedanken an Frauke waren mit den Jahren weniger geworden und bald aus Böhmes Welt verschwunden. Nach Fritjoffs Anruf kehrten sie in veränderter Qualität zurück. Er wurde durch die Gegenwart eines anderen bei Frauke verunsichert.

Er öffnet ein weiteres Bier, setzt sich vor den kleinen Fernseher und verfängt sich während der Spätnachrichten langsam in immer dichter werdenden Gedankengespinsten ...

***

Er wundert sich. Die Leuchtreklame vom Hotel gegenüber ist nicht mehr zu sehen. Er wohnt im dritten Stock, ein Lastwagen kann die Lichtquelle von draußen nicht blockieren. Ein grelles, kaltes Licht aus einem riesigen Scheinwerfer durchschneidet auf einmal die Dunkelheit und blendet Böhme, so dass er sein Gesicht mit einer Hand schützen muss. Als er zwischen seinen Fingern hindurchblickt, kann er vor dem Mietshaus einen gewaltigen

Koloss ausmachen. Ein nachtschwarzes Cockpit sitzt auf den stählernen Schultern des Black Jack-Kampfroboters, der Suchscheinwerfer tastet die Häuserwand ab. Böhme duckt sich hinter seinem Sofa und weiß sofort, dass niemand anderes als Fraukes Mann im Cockpit des Black Jack sitzen kann. Im eleganten Abendanzug bedient er die Steuerung des tonnenschweren Ungetüms mit der Leichtigkeit eines Profis. Auf seinem harten, aber keineswegs brutalen Gesicht bildet sich ein Grinsen, während er Böhmes Zimmer sucht. Er weiß, dass der Mann im Black Jack-Roboter seine vielen Narben mit Stolz trägt und zu jeder eine Geschichte zu erzählen hat. Er weiß, dass der Mann im Stahlriesen wenig Angst vor irgendetwas hat und dass seine Zukunft auf lange Sicht gesichert ist. Er weiß auch, dass der Mann, der an den Steuerungen für die Strahlenwaffen und Raketen des Black Jack sitzt, sowohl zärtlich als auch stark sein kann, dass der Pilot des Roboters einen klaren Begriff davon hat, was Gewalt und was Macht ist, Dinge, die Böhme sein Leben über nie angestrebt hat. Er ist sich aber auch dessen bewusst, dass ihm dieses Wissen nicht helfen wird. Mit lautem Krachen explodiert der Balkon der Nachbarwohnung in einer Wolke aus Betonbröseln, Blumenerde und Metallstangen. Böhme stürzt aus der Wohnung ins Treppenhaus, hinter ihm schießt der Black Jack mit der Strahlenkanone ein Loch ins Fenster zur Straße und setzt das Sofa in Brand. Während Böhme keuchend die Treppe hinunterhastet, schlagen weitere Raketen in Böhmes Wohnung ein und verwandeln seine CD-Sammlung und die Stereoanlage in einen Haufen geschmolzenen Plastiks, in hauchdünne, in allen Regenbogenfarben glitzernde Splitter, die noch jahrelang in den geschwärzten Wänden stecken werden. Böhme stößt die Hintertür des Hauses auf und rennt durch die kleine Grünanlage auf die Nebenstraße zu. Fraukes Ehemann lässt von den qualmenden Überresten der Zweizimmer-Küche-Bad-Wohnung ab und steuert den Roboter mit stampfenden Schritten hinter Böhme her, ohne

Rücksicht auf die parkenden Autos, die der Black Jack beim Vorwärtsgehen knirschend zermalmt. Er weiß, dass der Mann im Cockpit gut argumentieren kann, energisch ist, aber nicht aufbrausend oder unbeherrscht. Dass er sowohl auf der Tanzfläche als auch beim Sonntagsbrunch mit den Eltern eine gute Figur macht. Seine schwarzgrüne Uniform ist sowohl auf dem Photo im Flur seines Elternhauses als auch auf dem Nachttisch seiner Freundin ein Blickfang. Die Strahlenkanone des Black Jack schweißt sich durch die Telefonzelle am Eck, an der Böhme gerade vorbeiläuft. Angst spürt Böhme keine. Vor der Erfahrung, von einem fünfzehn Meter großen Stahlungeheuer gejagt zu werden, verblassen die letzten Jahre seines Lebens. Die hinter ihm einschlagenden Raketen reduzieren die Realität auf wenige, umso wichtigere Ausschnitte, jeder einzelne lebendiger als die, aus denen sich sein Leben zusammensetzt. Die Wohnung, der Ruf am Arbeitsplatz, die Kollegen, die Selbstzweifel, all das hat im Schussfeld des Roboters keinen Platz mehr. Er will sich bei Fraukes Mann schon fast für diese Befreiung bedanken, als er merkt, dass der ihn in eine Sackgasse getrieben hat. Er schaut nach oben, in den Lauf der rot glühenden Strahlenkanone. Er hebt die rechte Hand, zielt auf das Cockpit – mehr aus Trotz als aus Überlebenswillen – und merkt, dass er die Fernbedienung noch in der Hand hält.

***

Er keucht kurz, wie um den Traum abzuschütteln, und geht ins Bad. Nach der Morgentoilette greift er zum Telefon und wählt Theres' Nummer.

„Hallo?" – „Hier ist Karl." – „Ah, hallo alter Mann." – „Hör zu, die Leitung will, dass ich bei Palant Händchen halte und dass ich jemanden mitnehme, weil der Typ langsam wunderlich wird, und ich dachte da an dich. Wie wär's – ein Ausflug nach Kappeln?" Er merkt, wie sie kurz innehält. „Klar – das Glück ist mit den Tapferen! Ich komme mit." Böhme lächelt. „Gut, ich hole dich um eins am Verlag ab." – „Gut, bis dann." Er schreibt Corbitt eine E-Mail, dass er sich heute Zeit nimmt, um Palant zu besuchen. Dann legt er sich noch einmal kurz hin, bevor er Theres abholen will.

***

Er öffnet die Augen. Um ihn herum blinken Instrumente. Böhme ist mit schweren Sicherheitsgurten in einem Pilotensitz festgezurrt – seine rechte Hand ruht auf einem Steuerknüppel, der Daumen über einem roten Knopf. Er trägt eine schwarze Uniform und denkt erschrocken daran, dass ein Photo von ihm im Flur seiner Eltern auf dem Planeten Mantenna IV hängt und sie mächtig stolz auf ihn sind. Er reißt die Augen unter dem dunklen Visier seines Schutzhelms weit auf – vor ihm in mehreren Metern Tiefe brennt ein Panzerfahrzeug langsam aus – eine Stadtlandschaft voller zertrümmerter Gebäude. Auf der Konsole vor ihm erkennt er einen Schriftzug in geraden, klaren Buchstaben „BLACK JACK MK III". Dann taucht in seinem Sichtfeld eine menschliche Gestalt auf, die eine Fernbedienung in der Hand hält, und beginnt, vor ihm wegzurennen. Böhme schluckt kurz, drückt den roten Feuerknopf mit dem Daumen und denkt dabei halb erschrocken vor sich selbst und halb verzückt an Theres.

Stefan Schwinghammer
Bitumen an meinem Holzbein

Alle haben sie den Mund auf
und alle nerven sie nur, reden belangloses
Zeug, das mich langweilt.
Ich halte meinen Mund, weil ich weiß, dass ich noch viel
                größere Gülle verzapfen würde,
die nicht mal genug Saft hat, um eine Briefmarke anzukleben.

Hängen bleiben,
        denke ich,
                hängen bleiben wäre das Schlimmste,
und bestelle noch ein Bier.

Ich male mit meinem Zeigefinger Kreise in die Pfütze vor mir.
Einmal quer über den Tresen,
in null Komma nichts.
Einmal quer über den Atlantik,
nie im Leben.
So verrinnt die Zeit, während ich mir durch den Bart streiche.
Straßenbahnen fahren vorbei, lauter als sonst, es riecht nach
ranzigem Fett und ein Jucken im Nacken stört und die Musik ist
schlecht und die Wolken sind zu dunkel und ziehen zu schnell
vorbei und es ist kalt und Lastwägen machen scheppernden
Lärm und meine Haare sind zu grau und die Brust ist zu schmal
und irgendwie stimmt überhaupt nichts.
Die Götter haben gesprochen
und jetzt tollen Kobolde durch
das hohe Gras und spucken auf glatzköpfige Zwerge.
Keine Sommersonne, kein Geruch von getrockneten

Rosenblüten,
keine wehenden Kleider, kein Wein aus Amphoren,
kein Triumph, kein Jubel, nur
salzige Spucke im Mundwinkel.
Gefangen wie eine
strampelnde Fliege
in einem Bierglas.

Meine Schuhe
    sind ausgelatscht,
        vom Weg zum Bäcker,
            vom Weg zum Zahnarzt,
                vom Weg zur Weihnachtsgratifikation.

Und keinerlei Weichheit.
Weichheit,
die inmitten eines
Kohlenkellers wirken
würde, als wäre sie alles,
was man je gebraucht hätte.

Dorothea Weismantel
Kinderspiel

Ich dringe kaum mehr durch die Schwaden eurer Nebelmaschine.
Laute und bittere Töne, Zorn auf euren Gesichtern, Tränenlinien hinter meiner Maske. Glockenschlagworte.

Während ihr schreit, schweige ich. Kann als Fee den Nebel Form und Farbe annehmen lassen. Schritte verhallen in meinem Kreuzweg. Sind meine Begleiter beim Gang zum Schafott.

Mein Farbnebel ist Hass, Schutz und Furcht, durchzogen von Erinnerungen und Sehnsucht. Als schreiendes Volk steht ihr am Straßenrand. Doch Spott durchdringt die tauben Ohren nicht.

Das Grauen beginnt, wenn sich die Fee zurückverwandelt und ich die Bilder am Kreuzweg sehen muss.

„Lächle, immer." Mein Kopf spricht zu mir.

Gütig steht da eine von euch am Ende des Kreuzwegs, ihr habt sie abgestellt, sie hat sich aufgestellt, es ist gleichgültig.

Ich stehe da. Mein Kinn als Lanze vor mich gestreckt. Faule Eier, Hohn und Spott perlen an mir ab und durchnässen letztlich doch das leichte Kleid.
„Lächle."

Jeder Schritt ist Konzentration, Bewegung nach Maß. Meine Choreographie. Wenn es heute endet – mit Schreien, Zorn und Hass. Ich bin den Kreuzweg schon so oft durchwandert.

Mutter, Mutter, wie viele Schritte darf ich gehen?
Zehn Hühnerschritte.

„Lächle, selbst wenn du von vorn beginnen musst. Lächle immer. Verbirg das Blut und die Tränen vor den Nadelaugen. Das Paradies liegt dahinter. Setz den Fuß auf dein Schlachtfeld und sei. Wie du zu ihnen passt."

Die Menge johlt, ich bin die Königin, die ihre gefesselte Rolle spielt. Nur das Lächeln stört. Die Kinnlanze zielt auf niemanden. Das Kleid ist durchnässt und gibt den Körper frei.

Einmal, Mutter, werde ich Königin sein.

Mutter, Mutter, wie viele Schritte darf ich gehen?
Dreißig Elefantenschritte.

Meine Fußsohlen vom Kies aufgerissen. In die kleinen Löcher schleichen sich Käfer ein. Der Thron zum Greifen nahe. Ihr schreit. Im Blick der Einen: Bedauern. Für mich, für euch.

Mutter, Mutter, wie viele Schritte darf ich gehen?
Zurück zum Anfang.
„Lächle, mein Kind."

Maria Held
Ein einziger Kuss

In meinem Kopf führte ich eine Liste über die Zahl ihrer Liebhaber. Am liebsten hätte ich auch gezählt, wie oft sie Sex hatte, überhaupt, insgesamt, aber da war ich leider auf Vermutungen angewiesen, auf schrecklich grobe Schätzungen. Wenn sie zum Beispiel die Nacht mit Lars verbrachte, dem Pseudo-Punk mit den schlecht gefärbten Haaren und den Fingerhandschuhen, wer wusste dann schon, ob sie es einmal oder fünfmal taten? Und selbst wenn Lars am nächsten Tag sein dreckiges, stinkendes Maul aufriss und behauptete, er hätte es ihr sechs-, siebenmal so richtig besorgt, wer garantierte dann für die Richtigkeit dieser Angaben? Es bestand immer die theoretische Möglichkeit, dass er keinen hochbekommen hatte, dass die Schönste gar nicht von seinem hässlichen Pseudo-Punker-Schwanz entweiht worden war. Aber auch das: Bloße Vermutung! Es machte mich wahnsinnig. Ich schrieb nach einer solchen Nacht meistens eine Zwei in das kleine, schwarze Buch. Das war noch am wahrscheinlichsten. Daneben schrieb ich: Lars, das Arschloch: 8. Oktober. Und in Gedanken fügte ich noch hinzu: Deine Bürde ist schwer, armer Irrer, denn ab jetzt werden deine Tage düster und freudlos sein. Und das ganz sicher nicht wegen eines Liebhabers, oh nein. Einzig und allein, weil du von der köstlichsten Frucht von allen gekostet hast, das Paradies auf der Zunge geschmeckt hast, und du wirst nie wieder zufrieden sein.

Dann zündete ich mir eine Zigarette an und sah aus dem Fenster. Draußen nur kalte, feuchte Leere. Es war eine Zeit der Partys, der Winter kam und meine Freunde und ich stürzten uns in die länger werdenden Nächte, als könnten wir so unsere drohenden Depressionen abwehren. Mit absurder Energie zogen wir um die Häuser, tranken und rauchten und hingen hinter versifften Bartresen bis zum Morgengrauen. Manchmal kam sie mit. Ich schlang dann ab und zu, wenn ich betrunken war, meinen Arm um sie, fühlte ihre Weichheit, roch ihr Parfüm, in dem sie zu baden schien, und fühlte mich am Abgrund der Hölle. Sie lachte und funkelte mich mit ihren Augen an, dass mir ganz schwindelig wurde, und hatte keine Ahnung. Sie war so klein, so zerbrechlich. Und wieder stieg die Erinnerung in mir auf an diesen Abend im Sommer, ich weiß nicht, wie viele Jahre es jetzt her ist. Sie hatte schon Brüste, sie hatte schon diese blühende, frische Weiblichkeit an sich, schminkte sich schon die Augen. Wir standen in einem Hinterhof, schnappten frische Luft. Es war ein warmer Abend, die letzten Sonnenstrahlen waren gerade erst verblasst. Sie war betrunken und ich albern.

Sie erzählte mir von diesem Typen, der ein Auge auf sie geworfen hatte. Ich kannte ihn nicht besonders gut, ein Freund von mir hatte ihn mitgebracht. Einer von der schmierigen, unsympathischen Sorte. Verbrachte sicher mehr Zeit im Bad als sie. Ein Frauentyp, zweifellos. Einer, um den ihre Freundinnen sie beneiden würden. Als sie mir sagte, dass er ihr *solche* Blicke zuwarf, spürte ich kalte Beklemmung aufsteigen. Ich sah sie nicht an, konnte es nicht, das Lächeln hing in meinem Gesicht wie etwas Altes, Vertrocknetes. Hatte mir dann eine Zigarette angezündet, getan, als fände ich es witzig, interessant.

„Und, hat er versucht, dich zu küssen?"

Sie lachte, ich roch ihr Parfüm, ihren einzigartigen Duft, halb Mädchen, halb Frau, und wusste, dass man sie mir wegnehmen würde. Mir war kalt, die Nacht war düster und ungemütlich. Die Zigarette schmeckte nach ihr, während sie verlegen antwortete, sich zierte, es dann doch zugab: Sie hatte noch nie jemanden geküsst. Nicht *richtig*. Mir wurde ganz heiß. Es war merkwürdig, ungewohnt, mit ihr über so etwas zu reden. Ich dachte an ihre Zunge, wollte nicht daran denken, tat es doch.

„Ist gar nicht so schwer."

„Wirklich nicht?" Auf ihrer Stirn diese Sorgenfalte, die sie immer hatte, wenn sie sich überfordert fühlte. „Die anderen aus meiner Klasse sagen, wenn man es nicht richtig macht, ist es total eklig. Was denkt er denn dann ...?"

Ich hatte immer noch diese Enge in der Brust, Druck auf den Ohren. Sie sah mich hilfesuchend an, ich rang nach Worten, versicherte ihr, dass sie sicher alles richtig machen würde, und fühlte mich leer und tot. Sie hatte immer noch diese Falte auf ihrer glatten, braun gebrannten Stirn, Zweifel in den Augen. Dann, ich weiß nicht wieso, ihr Blick vielleicht oder die Gewissheit, dass sie bald einen anderen küssen würde, oder das Bier, das ich getrunken hatte, als der Abend noch lau und allesversprechend gewesen war. Dann sagte ich mit einem kleinen Lächeln, aus dem all meine Erfahrung, mein Alter, meine völlige Gleichgültigkeit sprachen: „Wenn du unbedingt willst, zeig' ich es dir."

Sie lächelte immer noch, die Falte auf ihrer Stirn vertiefte sich und für einen kurzen Moment sah ich einen verbotenen Gedanken in ihren Augen aufflackern. Dieser Gedanke schnitt mir ins Fleisch, brachte alles ins Wanken, dabei wankte es doch längst, hatte die Farben verloren, den Geschmack, war nur noch eine trostlose Vorahnung auf ein Leben ohne sie, ein Leben neben anderen Männern. Hastig fügte ich hinzu, erkannte meine Stimme kaum: „Ich hab' das auch geübt, früher, mit Susanne, du kennst sie doch. Das machen alle. Irgendwie muss man es ja lernen."

Sie lächelte, wir sahen uns an. Es war nur ein kurzer, dunkler Augenblick. Eine Frau, ein Mann, dachte ich. Ein einziger Moment. Ich sah, dass sie einverstanden war, und spürte mein Herz schwer klopfen, als ich mich zu ihr beugte, eintauchte in ihren Duft, meine Lippen auf ihre presste und sanft, zärtlich ihre Lippen mit meiner Zunge teilte.

Sehr kurze Zeit später löste ich mich wieder von ihr, lachte, als wäre es ein Spaß gewesen, unbedeutend, albern: „Ist doch gar nicht so schwer, oder?"

Sie lächelte, ich sah ihre Angst. Alles war kaputt und vorbei. Ich war ein schlechter Mensch, ich war verdorben, ich hatte einen Ständer. Ohne mich anzusehen, nickte sie, lächelte, sagte irgendetwas und verschwand nach drinnen, ihr Haar wehte sanft im Sommerwind, die Nacht umschloss mich kalt und dunkel. Sie schloss die Tür, ohne sich noch einmal umzusehen. Ich zündete mir noch eine Zigarette an, bat um Vergebung, beschwor mich, dass es nichts zu bedeuten hatte, dass es quasi nicht passiert war. Aber das Gefühl, wie sich ihre kleine, feuchte Zunge unsicher nach meiner getastet hatte, wie ich ganz umgeben war von ihrem Geruch und ihrem Geschmack, brannte in meinem Magen und zwischen meinen Beinen, schlich sich immer wieder in meine Gedanken mit all seiner ätzenden, magischen Süße. Da war plötzlich diese höhnische Stimme in meinem Kopf, *deine Bürde ist schwer, armer Irrer, denn ab jetzt werden deine Tage düster und freudlos sein*, flüsterte sie leise.

Ich ging dann wieder nach drinnen. Betrank mich bis zur Besinnungslosigkeit. Bekam nicht mit, wie sie sich von diesem Typen küssen ließ, plötzlich ohne Angst. Vielleicht, weil ich es ihr gezeigt hatte; vielleicht wollte sie auch nur die Erinnerung an meine drängende, gierige Zunge verdrängen, egal wie. Wir sprachen nie wieder darüber.

Aber ich habe es nie vergessen.

Seitdem führe ich die Liste, seitdem ziehe ich um die Häuser und trinke zu viel, versuche so zu tun, als ginge es mir gut. Seitdem ist es dunkel und trostlos in mir. Und ich kann nicht anders, als immer wieder wie einen seltenen Schatz die Erinnerung an diesen Sommerabend hervorzuholen.

Als ich meine Schwester küsste.

Annelie Kaufmann
Radikale/Regatta

meine augen werden dunkler werden
immer wacher
sie hängen ausgespannt die linse auf und
ziehen mit jeder faser ferner flacher
in jene weite
hinter blinden flecken schmerzt die stirn
erzittert eine schreiend hohe geigensaite
oder ein nerv
vibriert das hirn es muss das eine durch die
schwärze der pupille gehen so will es
Rilkes Panther
jetzt

    fühle unter eigenen fingern wie
    die organe pochend es versuchen
    mein innerstes an jenen rand zu dehnen
    bereit noch haut und schuhe dabei auszuziehen

er ahnt
ich kann entfliehen
wie meine augen in die ferne blicken
und das am weitesten entfernte wirklich sehen!

Kapitänin!
nimm mich auf dein schiff
es wäre das schönste schnellste
ich wäre die bugfigur die ihre brüste in die ferne reckt
ich wäre das größte segel ohne je zu flattern

ich wäre sogar der wind
ich wäre die wellen
ich zahlte meine lungen, meinen kopf
– nur dort!
ich kenne den weg
kenne ihn bei sonn' und sternen
gib mir dein schiff ich brächte es ans ziel
und unerreichbar wär's vor allen anderen schiffen
denn sehnsucht
    sehnsucht
    sehnsucht stünde im kiel.

Simon Herzhoff
Passanten

Plötzlich merkte er, dass er doch nicht schwimmen konnte, und rief, man solle ihn retten. Die Leute um ihn her, teils mit Badekappe, teils mit Taucherbrille, riefen zurück: Wie könnten wir? Vermögen wir's doch selber nicht! Und mit verdutzten Gesichtern gingen sie unter.

Selbsterfahrung

Einmal wurde Herr Vau, der seine Feierabende gerne in Straßencafés zubrachte, Zeuge davon, wie ein des Weges kommender Mann mit Hut dem Begleiter eines Mädchens eine Bratwurst auf den Kopf drosch. Herr Vau ließ daraufhin betroffen den Revolver fallen, mit dem er soeben den Freund seiner Tochter hatte niederschießen wollen.

Patrick Wacker
Der Tag, an dem ich herausfand, dass ich nicht der Mittelpunkt der Welt bin

Ich kann mich noch ganz gut an den Tag erinnern, als du die ganze Nacht mit dem Auto gefahren bist. Ohne Pause zu machen. Nur um mich zu sehen. Und du sagtest, dass dies der schönste Tag deines Lebens sei. Ich war noch ganz schläfrig und dein Gesicht verschwommen. In deiner Hand war dieser Zettel mit fremden Worten, die ich geschrieben hatte.

Ich kann mich noch ganz gut daran erinnern, wie du in die Küche gegangen bist und Tee gekocht hast. Du hast dabei immer wieder in freier Melodie gesungen, dass dies ein wunderschöner Tag sei. Ich ging ins Bad und schaute in den Spiegel.

Peter beschreibt sich als gemütlich. Er fühlt sich überall zu Hause. Unsere Kühlschränke sind sein Kühlschrank. Unsere Sofas sind sein Sofa und unsere Bücher sind sein Buch. Wenn Peter lesen möchte, dann liest er, egal ob jemand mit ihm redet oder etwas von ihm will. An seinem Geburtstag besuchte ich ihn. Er lag im Bett und las. „Peter, was liest du da?" – „Gartenbau im 18. Jahrhundert." – „Aber du hast doch gar keinen Garten."

Peter ignorierte meinen letzten Satz und las weiter. Ich machte Tee und trank diesen auch allein. Peter war ein wenig enttäuscht, als ich dann wieder gehen wollte.

„Aber du liest doch die ganze Zeit."

Peter legte das Buch zur Seite und schloss die Augen. Er schlief ein und ich verließ seine Wohnung.

Im Zoo ist es schön, besonders, wenn man ihn Tiergarten nennt. Wir gingen die Sandwege entlang und freuten uns, dass die Sonne schien. Sie war gar nicht müde, obwohl sie die ganze Nacht hinter dem Steuer gesessen hatte. Sie fragte mich am Morgen, ob wir nicht in den Tiergarten gehen möchten. Auf meinen Hinweis, dass es doch regne, sagte sie nur, dass es doch egal sei und außerdem sei heute so oder so ein schöner Tag. Wir tranken Tee und gingen zum Zoo, wobei sie jedes Mal „Nein. Tiergarten!" sagte, wenn ich das Wort „Zoo" aussprach. Als wir bei einem Gehege mit irgendwelchen Raubkatzen standen, sagte sie, dass die Blumen in dem Gehege besonders schön seien. Ich konnte keine Blumen sehen, sagte aber nichts. Sie trank Wasser aus einer mitgebrachten Flasche und gab mir einen Apfel. „Den habe ich von deiner Schwester. In ihrem Garten wachsen tolle Äpfel." Ich schaute den Apfel an und biss hinein. Sie hatte recht. Der Apfel war wirklich toll.

„Wie lange, meinst du, wird es noch dauern?", fragte sie mich. Ich gab ihr keine Antwort.

Ist es nicht schön? Ich meine: Ist es nicht schön, wenn alles geordnet ist? Alles ist an seinem Platz und alles hat einen Platz, der nur für die eine Sache ist. Eine Nische, in der nur Platz für eine einzige Sache ist. Ist das nicht schön, wenn der Körper bei jedem Schritt eine Vorwärtsbewegung macht? Manchmal ist da ein Stich in der Hüfte und ich bin froh, dass es die Hüfte ist, denn orthopädische Leiden sind so schön mechanisch und scheinen kontrollierbar. Als ich einen neuen Hausarzt aufsuchte, weil mein vorheriger selbst sterbenskrank wurde, sagte dieser, dass ich einen ganz guten Eindruck mache, was aber eigentlich erstaunlich sei.

Statistisch gesehen verliert ein Mensch in Deutschland alle fünfzehn bis zwanzig Jahre einen geliebten Menschen. Das ist recht selten. Ich dachte darüber nach, ob es sich überhaupt zu lieben lohne, und fragte Peter, was er davon halte. Er sagte, dass Statistiken lügen und die Liebe immer lohnenswert sei. Dabei aß er seinen vierten Burger. Als er diesen mit dem ebenfalls vierten Bier heruntergespült hatte, sagte er:

„Wer weiß denn schon, wann es soweit ist?"

Es ist erstaunlich, dass – betrachtet man sich im Spiegel – ein anderes Selbst-Bild zu sehen ist, als alle anderen von einem haben. Wenn dieser Unterschied unbemerkt bleibt, denkt man vielleicht, dass das Gesicht schon immer ein nach rechts absackendes war. Dabei ist das für das Gegenüber ein nach links absackendes Gesicht.

„Was ist ein absackendes Gesicht?", fragtest du mich, als ich aus dem Bad wiederkam. Ich musste schon wieder laut gedacht haben. Du gabst mir eine Tasse Tee und fragtest, ob wir in den Tiergarten gehen möchten. Ich wusste, dass es regnete, sagte aber nichts. Du küsstest mich und meintest, dass mein Gesicht wieder gerichtet sei.

Meine Schwester hat einen schönen Garten und im Spätsommer komme ich gern zu Besuch.

„Wie geht es dir?"

„Gut."

Sie hat sich entschlossen, allein zu leben, und verbringt ihre Zeit gern mit Gartenarbeit. Ich weiß nicht, welchen Beruf sie ausübt, weil sie es nicht für wichtig hält, alles über einen Menschen zu wissen. Daher fragt sie mich auch immer nur eine einzige Sache: „Wie geht es dir?" Und ich sage jedes Mal, dass es mir gut gehe. Wir sitzen dann im Garten und schauen uns die Pflanzen und Blumen an. Kein weiteres Wort. Wir sitzen einfach nur da und schauen in den Garten.

Manchmal hat man wirklich Glück. Ich habe den ganzen Tag gesucht und am Ende des Tages auch gefunden. Ich wusste nicht genau, wohin du ihn gelegt hast, aber so groß ist die Wohnung ja nicht. Zwischendurch war ich wirklich verzweifelt, denn dieser alte Zettel schien verschwunden zu sein. In meiner Erinnerung hast du ihn mit in die Küche genommen, aber dann fiel mir ein, dass du vorher im Flur in deiner Tasche gekramt hattest. Also musste ich nur deine Tasche finden. Das war nicht schwer und dort war er dann auch. Ich hab ihn in dieses Kästchen gelegt, damit er nicht nass wird. Eigentlich würde ich es so nicht mehr schreiben, aber du magst es ja gerade mit den Rechtschreibfehlern.

Peter macht sich eine weitere Flasche Bier auf und spricht mich durch die Flasche an: „Weißt du, ich denke, dass die Liebe unterschätzt wird." – „Steht das in deinem Buch, oder was?" Peter reagiert etwas verärgert und nimmt einen kräftigen Schluck. Ich trinke Tee und schaue genervt aus dem Fenster. „Ein mieser Tag ist das heute." Peter schaut auch aus dem Fenster und sagt:
„Aber die Sonne scheint doch!"

Manches kann man einem Menschen nicht ansehen. Aber gerade das ist das Wesentliche. Einige wenige Dinge kann man sofort sehen, aber die sind unwichtig. Interessant sind Gespräche doch nur, wenn Thema und Ton der eigenen körperlichen Haltung und Verfassung entsprechen. Auf meine Frage, ob er denn vorhabe, sich einen Garten zuzulegen, antwortete Peter, dass er über Gärten lesen möchte und nicht in ihnen herumwühlen müsse. Er lag auf dem Bett und ich auf dem Fußboden.
„Wie muss denn ein schöner Garten aussehen?", fragte ich. „Im Grunde genommen ist es egal. Ich meine, es ist für den, der ihn ansieht, egal. Der Betrachter sollte sich nie Gedanken über das Aussehen machen. Wenn du dein Gesicht im Spiegel anschaust, wohin siehst du zuerst?" Ich sah Peter schweigend in die Augen. Er fuhr mit seiner Hand durch sein langes, ungewaschenes Haar. „Genau das mei-

ne ich. Man versucht, im Spiegelbild etwas zu finden. Im Grunde schaut man sich doch gar nicht an, sondern sucht irgendetwas. Ein Garten ist da ähnlich. Schau ihn dir an, aber mach dir bloß keine Gedanken darüber, wie er aussieht. Sonst bemerkst du, dass der Garten eigentlich ein Friedhof ist."

Ich trank meinen Tee aus und ging aus seiner Wohnung. Zu Hause bekam ich einen Telefonanruf. Sie sagte, dass sie gleich losfahre und, wenn sie die Nacht durchhalte, dass sie rechtzeitig zum Frühstück da sein werde. So etwas hatte ich noch nie für sie getan. Nur in Gedanken. In Gedanken sagte ich auch die wundervollsten Worte zu ihr. Ich legte mich schlafen.

„Er sagte, dass Statistiken lügen und die Liebe immer lohnenswert sei." Meine Schwester ignoriert, was ich sage. Sie gibt mir einen Apfel und lächelt. Wir schauen in den Garten. Ich betrachte die Apfelbäume und die liebevoll gepflanzten Blumen, aber dann bewegen sich einige Pflanzen merkwürdig, obwohl es gar nicht windig ist. Meine Schwester scheint dies nicht zu beeindrucken. Ich schaue genau hin und sehe, wie Sträucher und Blumen ganz von allein über den Boden wandern. Sie lösen sich aus ihrer Verwurzelung und lassen sich an einem anderen Platz im Garten nieder. Auch ein Apfelbaum schüttelt einige Äpfel ab und geht dann wenige Meter näher zur Mitte des Gartens.

„Siehst du das auch?", frage ich meine Schwester. Sie reagiert nicht. Ihre Augen sind geschlossen und sie scheint zu schlafen. Ich stehe auf und gehe zu dem Apfelbaum. Er steht fest und unbewegt. Keine Spur von seiner kurzen Reise. Ich drehe mich zu meiner Schwester um. Sie tanzt und lacht. Dabei scheint sie jemanden zu umarmen. Sie wirkt ausgelassen und fröhlich. Ich schaue noch kurz in den Garten. Alles ist ruhig. Mein Blick fällt wieder zurück auf meine Schwester. Sie sitzt im Gartenstuhl. Ihre Augen sind geschlossen. Sie scheint zu schlafen. Ich gehe zu ihr. Sie trägt die Holzkette, die sie schon als Kind hatte. Ich hatte auch so eine. Ich esse den Apfel und gehe nach Hause.

Ich machte mir Sorgen. Was ist, wenn sie übermüdet ist und etwas passiert? Es war mitten in der Nacht. Ich ging in die Küche und machte mir einen Tee. *Was ist, wenn etwas passiert?* Das ist einer dieser dummen und verlogenen Sätze. Selbst wenn man um die Gefährdung anderer weiß und die Sorgen überhandnehmen, traut man sich nicht, das wirklich auszusprechen. Was ist, wenn sie übermüdet ist und von der Straße abkommt und ihr Körper von Blech und Plastik zerquetscht, zerrissen und zerbrochen wird? Was ist, wenn sie stirbt? – Ich wies diese Gedanken von mir und fürchtete, dass trotzdem etwas passieren könnte. Der Verlogenheit war ich mir bewusst, unruhig schaute ich aus dem Fenster. Es regnete.

Es gibt diese Läden, in denen man jeden Kleinkram kaufen kann. Auf der Suche nach etwas Bestimmtem aber wird man dort meist nicht fündig. Ich suche ein Kästchen. Klein und verschließbar. Die Verkäuferin stellt mir einige Schatullen und Schmuckkästen vor die Nase.
 „Nein. Noch kleiner, wenn es geht. Und wasserdicht sollte es sein." – „Ich weiß nicht, ob wir so etwas haben", reagiert die Verkäuferin, „aber sie können den Inhalt doch in Plastik einwickeln." Sie hat recht. Ich nehme eines der Kästchen und verlasse das Geschäft.
 Die Luft ist heute etwas kühler und frischer. Der Herbst kündigt sich an. Mein Mund ist trocken. Die Lippen salzig. Ich gehe zum Hafen und setze mich ans Wasser. Ein älterer Mann setzt sich zu mir und beginnt ohne Zögern ein Gespräch: „Früher fuhr ich zur See. Mit den großen Pötten. Weißt du? Ich kann dich doch duzen?" Ich nicke. „Als wir einmal in Südamerika Landgang hatten, gab es dort von einigen Händlern wunderschöne Früchte zu kaufen.

Sie sahen aus wie große Birnen und waren süß und saftig. Wir schlangen diese Dinger hinunter, bis unsere Hemden vom Fruchtsaft durchtränkt waren. Aber du kannst dir vorstellen, dass das nicht ohne Folgen blieb. Einige von uns bekamen einen solchen Durchfall, dass es schon gefährlich wurde. Ich hatte noch Glück, aber einer ist einfach so gestorben. Vertrocknet sozusagen. Mann, war das 'ne Sauerei." Der alte Mann spuckt auf den Boden.

„Die waren so süß und lecker. Das kannst du dir nicht vorstellen. Am Anfang dachte ich noch, die Dinger schickt uns der Himmel. Denn mit süßen Sachen war es ja damals nicht so, aber dann ... Mann, Mann, Mann." Ich lächle, nicke oder schüttele den Kopf, je nachdem, was angebracht erscheint. Ich bekomme keinen Speichel mehr zusammen und meine Lippen drohen jeden Augenblick aufzuplatzen. Der Seebär schaut mich an und klopft mir auf die Schulter. „Du kannst dir nicht vorstellen, was das für eine Sauerei war. Echt 'ne Tragödie. Wer hätte denn gedacht, dass man an so einer Scheißfrucht sterben kann? Ich muss jetzt weiter. Hab' noch einen Arzttermin." Der Mann verschwindet so unvermittelt, wie er kam. Ich schaue auf das Wasser. Ich sehe Fische, die sich gegenseitig jagen.

Ich hatte noch nie eine große Idee. Ich dachte stets schon Gedachtes. Sagte Dinge, die andere zu mir sagten. Machte Dinge, die andere schon gemacht haben. Las Bücher, die andere mir empfohlen haben. Überbrachte Geschenke, die mir schon geschenkt wurden. Als sie mich fragte, was ich ändern würde, wenn ich alle Möglichkeiten hätte, sagte ich, dass ich nichts, keine Kleinigkeit ändern würde. Ich dachte aber daran, alles zu ändern. Alles, was in der Vergangenheit war, würde ich ändern und alles, was noch kommen wird, würde ich ändern, um Überraschungen aus dem Wege zu gehen. Sie hakte weiter nach, sie sah mir an, dass ich gelogen hatte. „Wenigstens eine einzige Sache, die du ändern würdest", sagte sie und gab mir einen Zettel und einen Stift. „Schreib es einfach auf! Wir müssen ja nicht darüber reden, aber es interessiert mich schon sehr." Ich nahm den Zettel und den Stift. Und da war sie doch: diese eine große Idee.

„Weißt du, wo der Zettel sein könnte?", frage ich Peter.

„Woher soll ich das denn wissen, ist doch eure, ich meine, deine Wohnung." Peter lümmelt sich auf das Sofa und liest in einem meiner Bücher. Ich habe gehofft, dass er mir bei der Suche helfen würde, aber eigentlich gewusst, dass er es nicht tun wird. Seine Anwesenheit kann durchaus etwas Beruhigendes haben und das war wohl der eigentliche Grund für meine Einladung.

„Wieso ist dieser Zettel so wichtig für dich? Ich meine, schreib das doch einfach noch mal auf und fertig. Oder warte – ist er das hier etwa?" Peter fischt etwas aus dem Zettelhaufen auf dem Wohnzimmertisch heraus. „*Eintrittskarte Tiergarten*. Dass das Tiergarten heißt, wusste ich gar nicht. Ist aber nicht das, was du suchst."

„Ich war vorher noch kurz bei deiner Schwester. Daher der Apfel. Nicht, dass du dich noch wunderst." Sie kramte in ihrer Tasche und holte ihren Photoapparat heraus. Während sie Zicklein photographierte, versuchte ich, den Zoo-Plan zu lesen. Sie machte ein Bild von mir und lachte, weil ich mich darüber aufregte. „Wie geht es ihr denn so?" – „Deiner Schwester?" Ich nickte. „Gut. Ja, es geht ihr gut. Du solltest mal ihren Garten sehen." – „Das werde ich machen", sagte ich und sie schaute mich verwundert an. Dann lächelte sie wieder und gab mir die Kamera. Ich machte ein Photo von ihr.

Ich kann mich noch ganz gut an den Tag erinnern, als du die ganze Nacht mit dem Auto gefahren bist. Ohne Pause zu machen. Nur um mich zu sehen. Und du sagtest, dass dies der schönste Tag deines Lebens sei. Ich war noch ganz schläfrig und dein Gesicht verschwommen. In deiner Hand war dieser Zettel mit fremden Worten, die ich geschrieben hatte.

Ich kann mich noch ganz gut daran erinnern, wie du in die Küche gegangen bist und Tee gekocht hast. Du hast dabei immer wieder in freier Melodie gesungen, dass dies ein wunderschöner Tag sei. Ich ging ins Bad und schaute in den Spiegel. Mein schiefes Gesicht brachte ihn in Bewegung. Ich schloss die Augen und hoffte, dass Statistiken lügen.

Als ich wieder aus dem Bad kam, stand Peter im Flur. Er hatte deinen Zettel gefunden. Du hattest ihn in deine Tasche gelegt. Seine Hand zitterte und er wollte etwas sagen, aber aus seinem Mund kamen nicht einmal leise Laute. Das war das erste Mal, dass wir uns umarmten. Er ging dann nach Hause. Ich nahm den Zettel und legte ihn in das Kästchen. Das Photo von dir steckte ich in meine Jackentasche. In den Rucksack packte ich noch eine Flasche Wasser und einen Apfel aus dem Garten meiner Schwester. Ich verließ die Wohnung. Meine Hüfte schmerzte.

Im Tiergarten angekommen bemerkte ich schnell, dass etwas nicht stimmte. Peter hatte recht, man soll sich bloß keine Gedanken darüber machen, wie der Garten aussieht. In dem Tiergarten war kein einziges Tier. Keine Apfelbäume waren dort. Kaum einen Menschen traf ich. Aber du warst da. Und dort legte ich das Kästchen hin. In dem Kästchen ist der Zettel und auf ihm steht meine große Idee.

Ich kann mich noch ganz gut an den Tag erinnern, als du die ganze Nacht mit dem Auto gefahren bist. Ohne Pause zu machen. Nur um mich zu sehen. Und du sagtest, dass dies der schönste Tag deines Lebens sei. Und es war der Tag, an dem ich herausfand, dass ich nicht der Mittelpunkt der Welt bin.

Sonja Weichand
Leer

Worte zu Schnee im September
Küsse zu Tautropfen im Feuerherd
Momente zu Vergangenheit
denn
Was ist das gegen Jahre
Was ist das gegen für immer
Das macht es hoffnungslos
Das macht es zu nichts

Und du kannst
die Rolle deines Lebens spielen
Einmal wissen
Und dann für immer vergessen

Gefühle auf den Scheiterhaufen
Dein Bild von der Herzwand
Wieder ein leerer Saal
In dem die Unvernunft
Ihr traurigstes Solo tanzt

Annelie Kaufmann
ich esse malente

ich esse
nüsse und datteln und
küsse das langsame
fließende
fensterglas.
ich werfe junge vögel für dich in die luft
Für dich
ich gieße schatten
die setze ich in jeden zug der nach malente fährt.
ich esse
schlaf mit dem horngäbelchen
darf lieber nicht von dir
träumen, sagt
die bauchspeicheldrüse:
dass du am bahnhof stündest und meinen tauben lachst.

Linda Werner
Briefe an Frau Feser

Ich suche Sie, Frau Feser, obgleich ich gar nicht weiß, was ich suche. Ihre Stimme war gestern Abend am Telefon wieder so vertraut – ich konnte daraufhin nicht mehr einschlafen. Wo waren Sie wohl in dieser Nacht?

Ich will Ihnen Liebesbriefe schreiben. Sie könnten meine Zeilen lesen und sich danach wohlmöglich ein wenig geliebt fühlen. Sie müssen mich nicht lieben, ich brauche Sie nur zum Zuhören, und wenn ich friere, dann könnten Sie vielleicht Ihre Arme um mich legen und schweigen. Wissen Sie, ich bin einsam. Meine Schwester berichtete mir vor Ihrem Anruf von ihrem Liebesglück; das freute mich für sie, doch als wir die Hörer auflegten, bemerkte ich, wie sehr ich so etwas eigentlich herbeisehne.

Als Sie das letzte Mal neben mir saßen, pulsierte mein Blut; mein Körper war auf einmal so anfällig – bei jeder kleinen Berührung zuckte ich zusammen. Als Sie dann Ihre Hand auf meinen Oberschenkel legten, um mir etwas ins Ohr zu flüstern, erschrak ich: Ob Sie mich wohl in diesem Moment, als ich anfing, meine Liebe auf Sie zu projizieren, entdeckt haben?

***

Heute Morgen kroch ich widerwillig aus meinem Bett. Ich wollte nicht unter meinen Kommilitonen sein. Sie starren in den Vorlesungen geradeaus, um ja nicht angesprochen zu werden, oder schweben die Treppen eingebildet rauf und runter, als bräuchten sie Treppen nicht, um nach oben oder unten zu gelangen. Denn im Grunde ist es gerade anders herum – die Treppe braucht ihre, in weiches Leder eingepackten Füße, um existieren zu können. Denn was ist schon eine Treppe, wenn sie nicht getreten wird? Würde ich mich aber nicht unter sie mischen, könnte ich Sie auch nicht zufällig treffen oder nach Ihnen suchen.

Ich beschloss, besonders interessant und elegant zu erscheinen, indem ich meine Haare hinter die Ohren klemmte, einen engen, schwarzen Pulli überstreifte und den Nadelstreifenblazer aus dem Schrank nahm. Als ich mich im Spiegel betrachtete, war ich entzückt und fühlte mich gewappnet für ein zufälliges Wiedersehen.

***

Wenn ich zu den Raucherecken der Philosophischen Fakultät schlendere, ohne Feuer, wünsche ich mir manchmal, dass Sie auftauchten mit unter den linken Arm geklemmten Büchern und einem Feuerzeug in Ihrer Potasche. Sie würden mich anlächeln, mit Ihrer rechten Hand in Ihrer Tasche nach Feuer suchen, um sich dann ganz nah zu mir zu beugen und meine Zigarette zu entzünden.

Ich glaube, Sie sind Nichtraucherin.

***

Seitdem ich Sie kennengelernt habe, masturbiere ich abends in meiner Badewanne. Der Duschkopf liegt meistens in meinem Schoß, bis mein Arm erschlafft und die Wanne voll gelaufen ist. Danach stecke ich mir eine Zigarette an und lehne meinen Kopf zurück. Als ich am letzten Abend erneut masturbierte, hängte ich den Duschkopf nicht an seine Befestigung zurück, sondern legte ihn zärtlich auf meinen Bauch und streichelte seine silbrige Oberfläche mit meiner linken Hand.

***

In ein paar Tagen ist Vollmond. Schon heute schaute ich sehnsüchtig zu ihm hoch, fragte mich, ob er wirklich jene antreibende Kraft besäße. Wenn ja, dann müssten wir uns bald verabreden. Ich werde Sie nicht anrufen! Vielleicht sind Sie ja verheiratet und haben Kinder. Ich könnte Ihre Tochter sein! Das möchte ich gleich wieder streichen. Meine Mutter würde ich niemals so küssen, wie ich es mir mit Ihnen vorstelle.

Schon oft habe ich Sie in der Unibibliothek hinter langen Bücherregalen gesucht, um Sie heimlich an die Hand zu nehmen und Ihnen Ihre Spange aus dem Haar zu klauen und Sie vielleicht neben Hesse wild zu küssen. Ich rezitiere Gedichte von ihm – „… und jedem Anfang wohnt ein Zauber inne …" – und Sie lauschen meinen Worten, Ihre Arme um meinen Bauch geschlungen. Ihr Atem streift meinen Hals.

Sie waren nur einmal dort. Ich war zu schüchtern.

***

An Sie zu denken, vertreibt all meine Ängste vor dem Alleinsein. Wenn ich mich einsam fühle, dann schreibe ich Ihnen einfach einen Brief oder lege mich in meine Badewanne und lasse mir heißes Wasser in den Schoß laufen. Sie tun mir so gut, indem Sie nichts tun. Glauben Sie, geliebt zu werden ist anstrengender als zu lieben?

In unserer nächsten gemeinsamen Vorlesung würde ich nicht neben Ihnen Platz nehmen, wüsste ich, dass Sie mich lieben. Ich befürchte, jedes Ihrer Worte genau zu analysieren, Ihre Fehler gegen Sie zu verwenden. Deswegen haben Sie auch noch keinen Brief von mir erhalten.

***

Vielleicht lache ich beim nächsten Wiedersehen über meine grenzenlose Phantasie.

***

Ach, Frau Feser, ich leide. Sie wissen, warum! Gestern war Vollmond. Ich fuhr mit meinem Auto durch die Nacht, um Sie am Mainufer zu suchen. Wohnen Sie nicht am Main?

Ob ich es aushalte, Sie erst in unserer Vorlesung wiederzusehen? Ich glaubte wirklich, ich könnte Sie eher abpassen – ganz zufällig auf der Damentoilette oder am Kaffeeautomaten vielleicht. Noch zweiundsiebzig Stunden. Eine lange Zeit! Bitte vergessen Sie nicht, Ihre Hand auf meinen Oberschenkel zu legen und mir Ihre Lebensgeschichte in mein Ohr zu flüstern! Danach lade ich Sie auch auf eine Zigarette am Eingang der Uni ein. Irgendwann müssen Sie ja damit anfangen.

***

Ich fühle mich so gefangen, als gäbe es keinen Weg zu Ihnen, außer das Telefon! Ich kann Sie nicht anrufen! Das ginge gegen meine Würde.

Ich will Sie sehen! Ihre Augen, Ihre kleinen Hände. Es ist fürchterlich! Jetzt brauche ich Sie, jetzt! Ich bin zu keinem Handgriff mehr fähig, der Gedanke an Sie boykottiert meine Arbeit. Tun Sie doch etwas!

Ich bin zu ungeduldig. Ich möchte Sie nicht bedrängen, aber wenigstens beobachten; ab und zu wissen, wo Sie anzutreffen sind. Ich möchte Anspruch erheben, nur ganz wenig, bitte!

***

Montag. Endlich kann ich wieder in die Uni!

Warum studieren Sie eigentlich? Streben Sie vielleicht

eine Karriere an der Universität an? Lediglich eines weiß ich von Ihnen, Sie arbeiten in der philosophischen Forschung. Sie forschen – genau wie ich. Nur, dass Sie anscheinend Schopenhauer meiner Wenigkeit vorziehen. Nicht einmal auf meine Einladung zu einem gemeinsamen Kaffee haben Sie geantwortet! „Wollen wir gemeinsam einen Kaffee trinken gehen?" Die Betonung liegt auf „gemeinsam". In unserer letzten Vorlesung, an die ich immer wieder denken muss, haben Sie sich einfach kurz aus dem Staub gemacht und einen Kaffee geholt – für sich allein.

***

Was haben Sie nur aus mir gemacht, Frau Feser?! Ich nehme mein Handy bereits zur abendlichen Masturbation in mein Badezimmer mit. Es könnte ja sein, dass Sie gelernt haben, Kurzmitteilungen zu verfassen, oder einfach nur meine Stimme hören wollen.

***

Gestern Nacht hatte ich einen Albtraum. Ich stieg eine mir vertraute Treppe hinab. Auf den letzten Stufen saß eine Frau Ihres Alters. Sie schien bekümmert zu sein, hielt ihren Kopf gestützt. Ich setzte mich neben sie und legte meine Hand auf ihre Schulter. Sie sah mir tief in die Augen. Sie hatte strahlende, blaue Augen – plötzlich war nichts Melancholisches mehr in ihrem Blick. Als ich dann meine Hand von ihrer Schulter nahm, faltete sich ihr Gesicht wie ein Blatt Papier zusammen und ein lautes, höhnisches Gelächter erhob sich rings um mich her. Ich rannte, so schnell ich konnte, fort.
    Ich erwachte. Zitternd knipste ich das Licht an, stand auf und nahm, ohne lange zu überlegen, einen kräftigen Schluck Sherry. Ich wollte nicht wissen, was das zu bedeuten hatte. Betäubt schlief ich wieder ein – diesmal traumlos.
    Waren Sie diese Traumfrau?

***

Ich hielt Ihren Platz die ganzen neunzig Minuten frei! Wo waren Sie denn? Soll das ein Zeichen sein? Oh, ich habe verstanden. Sehr gut habe ich verstanden. Wie naiv war ich eigentlich, zu glauben, Sie säßen nur wegen mir in dieser Vorlesung, damit wir uns kennenlernen, damit Sie meine Einsamkeit mildern, mir das Gefühl geben, Zuflucht vor der Anonymität gefunden zu haben! Ich dachte, Sie seien etwas spät dran oder hätten noch ein wichtiges Gespräch mit einem Ihrer Professoren. Ich entschuldigte Ihr Verhalten während der ganzen Vorlesung! Wissen Sie eigentlich, wie viel mir diese Vorlesung seit ein paar Tagen bedeutet?! Ich bekam zwei Nächte vor dieser Veranstaltung Magenschmerzen, ich konnte nicht mehr gerade sitzen vor Angst und Anspannung! Alles umsonst? Nein, Frau Feser, so nicht! Erst bringen Sie Chaos und Hoffnung in mein Leben und dann tauchen Sie ohne Vorwarnung ab?! Ich will Sie genauso vergessen. Genauso unnahbar sein.

Adieu, Frau Feser!

***

„Entschuldigung."

Insgeheim habe ich ja darauf gewartet. Schön, dass Sie meine Telefonnummer noch wissen. Ich wusste doch, dass Sie ein wichtiges Treffen hatten. Das kann ich verstehen, die Vorlesung war auch nicht besonders empfehlenswert, dieses Mal.

Sie wollen mir Briefe schreiben, weil Sie Ihr Handy nicht beherrschen! Briefe! Ich schrieb Ihnen bereits dreizehn. Hörspiele wollen Sie mir leihen, mit mir einen Kaffee trinken! Warum so viel auf einmal?! Ich träumte davon. Sie lagen nachts sogar in meinen Armen und hörten mit mir *Der kleine König Dezember*.

Sie haben mich bitter enttäuscht. Im Mondlicht habe ich Sie gesucht, mich nachts heimlich mit Rotwein und Sherry betäubt! Soll ich nun wieder warten? Dem Postmann entgegenlaufen?

***

Briefe schreiben ... Wie kommen Sie denn auf solch eine Idee? Ein Gelehrter hat vor einiger Zeit das Gerücht in die Welt gesetzt, dass man eine Frau erst richtig kennt, wenn man von ihr einen Brief erhalten hat. Ich weiß nicht, ob ich das will. Vielleicht werde ich Sie dann nicht mehr los. Ich wollte nur neben Ihnen sitzen und Traumnahrung sammeln. Mehr wollte ich doch nicht!
Sie haben meine Adresse.

***

„Schreibe mir! Ganz allein mir zum Verbleibe, was und wie ist einerlei! Doch Buchstaben müssen es sein, von Dir aneinandergereiht; verborgen verwahr ich die Zeilen Dein. Schreibe, schreibe, schreibe mir!"
Ihr Brief! Ihr Brief! Viel zu schön! Ist das Ihr Werk oder eine Abschrift? Egal ... Sie haben es mir geschrieben! Für mich? Hören Sie auf, bevor ich gierig danach werde!
Ich habe Ihre Adresse.

Dorothea Weismantel
Lichtlos

Drei Personen sind im Schattenkopf. Nummer 2 und 3 sitzen auf einer Matratze. Nummer 1 wandert unruhig von einer Biegung zur nächsten und zurück.

Nummer 1: Veränderung. Bedeutet Leben? Bedeutet Tod. Finsternis. Dunkelheit. Wo wir leben? Ich weiß es nicht. Wir sind allein. Vielleicht gibt es uns auch gar nicht mehr? Vielleicht ist alles, war alles Illusion? Wer weiß?

Nummer 2: Glaubst du, dass es je wieder Tag werden wird?

Nummer 3: Ein neuer Tag?

Nummer 2 *ist belustigt*: Ja, weißt du denn nicht mehr? Tag war immer das, wenn dieses Ding am Himmel stand. Da war's komischerweise immer viel wärmer als in der Nacht. Das jetzt nennt sich nicht Tag.

Nummer 1 *marschiert auf der Stelle*: Warum können Tote nicht weinen?

Nummer 3 *wirft Nummer 2 einen befremdeten Blick zu*: Hör auf, so blöde Fragen zu stellen. Du machst mir Angst.

Nummer 1: Wer behauptet, dass diese Frage blöd ist? *Schreit los*: Wer von euch erlaubt sich, festzustellen, was klug ist oder nicht?

Nummer 3 *wirkt verärgert*: Das geht nicht mehr weiter mit ihr.

Nummer 2 *schweigt dazu, während Nummer 1 einen Tanz aufführt, der an eine Ballettparodie erinnert.*

Nummer 3: Ist es nicht so?

Nummer 1: Warum kann ich nicht mehr weinen? Bin ich tot? Warum können Tote nicht weinen?

Nummer 2 *ist ruhig und spricht mit sanfter Stimme*: Du bist noch nicht tot.

Nummer 1: Aber alles ist schwarz um mich herum. Da ist die Nacht, aber die Nacht ist falsch. Es ist wie in einem Film. Einem Vampirfilm, wir leben alle in einer Gruft, die Gruft ist die Welt und ... und ich bin tot!!!

Nummer 2: Nein. Nein, du bist nicht tot. Und die Sonne wird wieder aufgehen. Es ist wieder Tag, irgendwann. Dann wirst du weinen können. Du kannst auch jetzt weinen.

Nummer 3 *sieht Nummer 2 verblüfft und missbilligend an*: Du lügst und du weißt das auch.

Nummer 2: Das zählt nicht mehr.

Nummer 1: Nein, kann ich nicht. Was ist das. Weinen. Was bedeutet das? Tränen sind Trauer sind Tränentraurigkeiten, tagelang, nächtelang früher. Stundenlang hier gesessen, in euren Armen, ihr habt mich getröstet.

Nummer 3: Unsere Sorgen haben sich alle geändert. Unsere einzige Sorge ist heute der morgige Tag.

Nummer 2 *lacht leise*: Der morgige Tag ... Falsch, wir haben nämlich gar keine Sorgen mehr außer der, wie wir uns durchschlagen, bis die Nacht sich vollendet. Dann kommt alles wieder in Ordnung. Nur solange ... *Wendet sich an Nummer 1*: Wir sind auch jetzt da, hm? Du kannst dich jetzt auch in unseren Armen ausruhen ... *Schweigt einen Moment lang abwesend und starrt ins Dunkel.* Wir sind jetzt noch füreinander da, und werden es bleiben.

Nummer 1: Es gibt keinen Tag mehr, nicht wahr? Die Nacht bleibt. Weil wir gelebt haben, sind wir jetzt tot.

Nummer 2 *wird langsam besorgt*: Hör auf, so zu reden. Bitte! Ich bekomme Angst vor dir.

Nummer 3: Was hab ich anderes gesagt? *Dreht sich zu*

Nummer 2 um, die hinter ihr sitzt: Komm, Weltenretterin, steh auf und setz dich auf deine Himmelspferde. Komm und fang an, die Welt zu retten. Schenk uns den Tag!
Nummer 2: Hör auf, so ... zynisch zu sein. Ich hab genug damit zu tun, noch optimistisch zu sein, um nicht wahnsinnig zu werden ... Was hab' ich dir getan?
Nummer 3: Nichts, gar nichts. Es tut mir leid. Aber du wolltest doch die Welt retten? Ihr alle wolltet sie doch retten, wieso dann jetzt so was?

Nummer 1: Das Leben ist still geworden. Und der Tag dunkel. Ist das falsch? Ist es falsch, weil wir es anders kennenlernten? Ist es falsch, weil wir wissen, dass Zeiten sich ändern und die Welt vorüberzieht wie eine Kolonne Leichenwagen?
Nummer 2: Falls du dich noch daran erinnern kannst, wir haben früher gesagt, dass die Welt vorüberzieht wie eine Kolonne Zirkuswagen, wir brauchen nur aufzuspringen.
Nummer 3: Aber das war mal. Nostalgie bringt dir auch nichts mehr. Die Welt ist nicht mehr bunt, das Licht ist ausgegangen. Es ist vorbei, warum hörst du dieses Wort nicht? Vorbei, vorbei, vorbei. Früher war einmal, heute ist ein anderer Tag.
Nummer 1: Es ist nicht Tag. Es ist Nacht. Es ist immer Nacht ... Immer, immer, immer ... *Wispert hysterisch vor sich hin.*
Nummer 2 *steht auf*: Gehen wir. *Verschwindet hinter der Biegung.*
Nummer 3 *ist erstaunt*: Wohin? Hallo??
Nummer 1: Immer, immer, immer Nacht ...
Nummer 3: Halt's Maul!!!
Nummer 1 *tanzt noch immer und wirkt dabei entrückt*: Warum? Weil ich der Wahrheit ins Gesicht sehe? Okay, zugegeben, ich werde verrückt, ja, aber das ist schön,

schön, schön!!! Ich darf tun, was ich will, und kann aussprechen, was ich denke, ich bin die Pionierin, die die Wahrheit ausspricht, ich bin die, die alles sehen kann, und die, die alles weiß, was ihr nicht wissen wollt. Ich brauche mir nicht selbst ins Gesicht zu lügen, blabla alles wird gut, es wird Tag werden irgendwann, bald, kein Plan. Nein, ich brauche das nicht, ich kann ich selbst sein.

Nummer 3: Bildest du dir etwa ein, deshalb glücklicher zu sein als wir?

Nummer 1 *schüttelt den Kopf*: Nein, aber ich muss auch nicht mehr glücklich sein, ich habe das abgeworfen.

Nummer 3: Na und? Was bringt es dir dann, das Verrücktsein?

Nummer 1: Euch wird es überraschen. Mich nicht.

Beide verlassen den Wachposten und folgen Nummer 2.

Christian Schepsmeier
Mein Haus

Wie werde ich dies Haus verlassen können? Seit Jahr und Tag sitze ich hinter Fenstern, auf die ich die Sonne scheinen wähne. Seit Jahr und Tag – und oft denke ich, dass die Fenster nach außen blinder werden und nur nach innen spiegeln. Ich habe vergessen, wo die Tür ist. Wenn ich in den Keller steige, sie zu suchen, dann weiß ich doch, dass sie dort nicht sein kann. Auch auf ebenem Geschosse finde ich sie nicht, und wenn ich aus den Dachfenstern blicke, dann sehe ich nur das Blitzen der Sonne auf dem Glas. Dann und wann ist mir, als klopfe jemand. Dann spähe ich umher und lausche auch, doch weiter kommt nichts. Längst weiß ich nicht mehr, wann ich das Haus betrat und wie es sich zutrug, dass ich die Tür vergessen konnte. Das macht mir aber nichts aus, denn es ist ja wohl recht heimelig hier. Es gibt einen Kamin im Esszimmer, doch ist dieser nicht vollends vonnöten, weil der kalte Wind mein Haus weitgehend unberührt lässt.

Linda Werner
Zehn Jahre Sehnsucht

Sie liebte ihn,
den smarten Pathologen.

Z e h n   J a h r e   l a n g .

Dann riss sie sich zusammen,
fasste ihr Herz

Und man brachte
sie zu ihm –
für
eine
endliche Nacht.

Linda Werner
Die schlechte Reimung

Der Dichter verlor sein Augenlicht
An einem heißen Sommertag,
Als er im Grün der Wiesen lag.

Die Sonne raubte ihm das Licht,
Als er ihr Reime bastelte
Und sich dabei verhaspelte.

Sie sah ihm wütend ins Gesicht
und blendete ihn heimlich –
es war ihm äußerst peinlich.

Blind stolperte er in den Herbst,
das bunte Reimen ließ er sein –
verstarb allein an Dissonanz.

Philip Krause
Der Morgen, an dem ein kleiner Kerl an meinem Bett stand

Neulich sprang meine Tür auf, ich lag noch im Bett und hatte geratzt, da steht dieses Kerlchen vor mir, schnittiger Anzug, flinke Bewegungen, kurze Haare, Brille und schüttelt den Kopf.

„Tztztz, Herr Krause. Haben Sie mal auf die Uhr geschaut? Wissen Sie, wie spät es ist? Nicht nachsehen, das war eine rhetorische Frage und ich wäre Ihnen sehr dankbar, wenn Sie die Bettdecke ungelüftet ließen, bis ich wieder aus dem Zimmer bin. Herr Krause, ich darf mich vorstellen, mein Name ist Lutz, Sie haben mich angefordert, um in Ihrem Leben Ordnung zu machen. Und wir zwei haben eine ganze Menge Arbeit vor uns, wenn ich mir dieses Chaos hier anschaue – tztztz. Gut, dann lasse ich Sie mal für einen Augenblick allein, sie können aufstehen, duschen, sich umziehen, was immer zu Ihrer morgendlichen Toilette gehört, und wir zwei sehen uns in einer halben Stunde wieder, um den Rest des Tages in Angriff zu nehmen – einverstanden? Natürlich sind Sie das, sonst hätten Sie mich ja nicht angefordert, also, wenn ich dann bitten darf. Der frühe Vogel fängt den Wurm." Das letzte sagte er, mir schon den Rücken zugewandt, gerade aus der Tür eilend. Mein Kopf tat weh, der Wecker zeigte 7:36 Uhr. Ich stand auf, öffnete ein Fenster und tappte ins Bad, um mich zu duschen und mir die Zähne zu putzen. Ich konnte mich an nichts erinnern.

Als ich in die Küche kam, stand der Typ schon hinter dem Herd und briet Eier und Speck.

„Ah, so sehen Sie schon viel besser aus. Sehen Sie, das Wichtigste ist, dass man mit einer ausgewogenen Mahlzeit in den Tag startet. Ich habe dahinten schon mal etwas Müsli für Sie vorbereitet, es folgen Eier und Speck und der Morgen ist perfekt, nicht wahr? Ahah, sagen Sie nichts, Reden ist Silber, Schweigen ist Gold, ich verstehe schon. Sehen Sie, ich kann mir vorstellen, dass Sie sich wundern, mich hier heute Morgen anzutreffen. Das tun sie alle, das muss Ihnen gar nicht peinlich sein. Ich weiß auch nicht, woran es liegt, doch die meisten verlangen nach mir, wenn ihre Sinne entweder leicht angeregt oder bereits etwas vernebelt sind. Oh, keine Bange, es ist nicht die Art von Service, die ich anbiete. Sehen Sie, ich bin hier, um ihnen Struktur und Form zurückzugeben, und offensichtlich komme ich gerade noch rechtzeitig, um sie aus Ihrem Muff rauszuholen; alte Zeitungen, die nicht mehr gelesen werden: Einfach in den Papierkorb schmeißen und den dann bei Gelegenheit mal nach draußen bringen – aber ich bin nicht gekommen, um ihnen Recycling-Tipps zu geben. Ich bin gekommen, um Sie zu fragen, was Sie den ganzen Tag machen. Was machen Sie den ganzen Tag? Ah, sagen Sie nichts, ich kann es mir schon vorstellen, es wird nicht viel sein. Was gut ist. Verstehen Sie mich nicht falsch, aber mit meiner Hilfe können wir Ihre Effizienz um mindestens – sagen wir mal – 300 %, wenn nicht noch mehr, steigern.

Und wie schaffen wir das? Nun, schauen Sie, der wichtigste Motor ist und bleibt die Motivation. Was motiviert Sie? Psst, da haben Sie das Problem. Keine Freundin, keine Familie, keinen Job und vier Stunden Uni in der Woche. Das ist doch kein Leben, jetzt mal Hand aufs Herz. Der Mensch braucht einen geregelten Tagesablauf. Aufstehen, wann er will, ins Bett gehen, wann er will, und dazwischen den Rest des Tages verplempern, dafür ist er nicht gemacht, dafür ist sein Gehirn allein viel zu groß, verstehen Sie? Die tausend Möglichkeiten, die sich einem Tag für Tag bieten, da fängt der Schädel richtig an zu brummen und geht eine nach der anderen durch, so lange, bis der Tag vorbei ist und man letztlich gar nichts gemacht hat. Kommt Ihnen das bekannt vor? Ja, kann ich mir vorstellen. Jetzt essen Sie aber erst mal. Guten Appetit!"

Die nächsten zwanzig Minuten holte der Kerl Luft. Ich saß am Küchentisch und aß Eier, Speck und Müsli, als wäre es die erste richtige Mahlzeit seit Wochen. Ich hatte mir kaum die letzten Haferflocken aus den Zahnzwischenräumen gespült, da begann er von Neuem.

„Gut, sehr gut. Ausgezeichnet. Ich hoffe, mein kleines Frühstück hat Ihnen geschmeckt. Jetzt schnappen Sie sich die Badehose und ab ins Schwimmbad. Ein wenig körperliche Ertüchtigung hat noch niemandem geschadet. Vierzig Bahnen, eine halbe Stunde sollte ihnen reichen. Wir wollen immer die Zeit im Auge behalten."

„Und dann?", fragte ich überrascht.

„Dann, ja dann ziehen wir los und besorgen Ihnen einen Job. Ihr Kurs heute Nachmittag ist um vier, bis dahin haben wir genug Zeit, denke ich. Ich habe Ihnen schon ein paar Sachen rausgesucht, die für mich in Frage kommen. Sie wollen später als Deutschlehrer arbeiten, da dachte ich, als Lektor könnten Sie gleich ein wenig üben, Sie kleiner Rotstiftschwinger – aber dazu später mehr. Wie Sie sehen, alles abgestimmt, alles optimiert. Sie müssen sich keine Gedanken machen heute. Doch morgen werde ich nicht wieder an Ihrem Bettchen stehen und Ihnen in den Hintern treten, während Sie sich noch den Schlaf aus den kleinen Äuglein reiben, das müssen Sie dann schon selbst besorgen, aber für heute bin ich Ihr Babysitter. Und wenn wir uns erfolgreich oder nicht, doch sicherlich ausgiebig mit der Jobsuche beschäftigt haben, dann gebe ich Ihnen zwei Stunden frei, um zu schreiben. Und ich bitte Sie, schreiben Sie auch. Wie oft sitzen Sie da und überlegen und überlegen und schreiben keine einzige Zeile? Ja, da haben Sie es, Sie machen ein finsteres Gesicht, Sie wissen, wovon ich spreche! Sie müssen anfangen, effizient zu schreiben, einfach hinsetzen, lostippen, ein Plan muss natürlich auch vorhanden sein. Am besten, Ihnen kommen schon beim Schwimmen Ideen, die

Sie dann später zu Papier bringen – oder nicht? In meinen Augen geht da keine Sekunde verloren. Das ist so wichtig für Sie, wenn Sie mal Schriftsteller werden wollen. Denken Sie, das ist den Großen alles zugeflogen? Denken Sie, ein John Irving sitzt da und plötzlich fällt ihm *Garp* aus dem Ärmel oder einem Dürrenmatt *Die Physiker*? Nein, da muss Struktur dahinter, da muss Struktur dahinter! Ohne die geht es nicht, besser, Sie prägen sich das gleich ein, und wenn Sie dann heute Abend auf die winzige Bühne klettern und für Ihre Getränkemärkchen drei kleine Bier bekommen, die sie auch schon alle im Vorfeld trinken, damit niemand sieht, wie Sie zittern, dann haben Sie zumindest einen Text. Sie werden sehen, alles eine Frage der Übung. Machen Sie doch mal den Mund zu, wissen Sie eigentlich, wie Sie aussehen! Klappe zu, Affe tot. Und – ach, beinahe hätte ich es vergessen, Ihre Vorbereitung auf das Nachmittagsseminar. Gut, heute ist es ein wenig kurzfristig, aber ansonsten sollten Sie sich doch angewöhnen, das bei vier Wochenstunden am Vortag zu erledigen. Ist das denkbar?"
Ich schluckte.

„Ja, ich denke doch. Es wird immer später, während wir hier plaudern, vielleicht sollten wir doch kurz einkaufen gehen, damit ihr Kühlschrank gefüllt ist, wenn Sie heute Abend hungrig aus dem Zug steigen und den Heimweg antreten, und zudem ist so ein Supermarkt ein phantastischer Ort, um Frauen kennenzulernen, ja, da werden die Augen groß bei Ihnen, das dachte ich mir schon, ha! Einer, der gerne Frauen kennenlernen würde, sind Sie ja schon, also los, nicht trödeln, Schuhe an, Jacke an und raus aus dem Haus. Gott sei Dank ist der Supermarkt ja gleich um die Ecke und bei dem schönen Wetter ein wenig spazieren gehen kann auch nicht schaden, was meinen Sie? Unterwegs lassen Sie sich von mir die Stellenangebote zeigen, viel ist es nicht. Schauen Sie hier, studentische Hilfskraft als Lektor, das dachte ich mir, wäre doch was. Klar, Sie könnten auch in irgendeiner Bar anfangen, aber wissen Sie, was für Leute dort arbeiten und hingehen? Abgesehen davon, trinken Sie ohnehin schon genug." Betreten schaute ich zu Boden.

„Dass es in Supermärkten immer so kalt sein muss, für mich unverständlich, so schnell hat man sich erkältet und dann liegt man wieder eine Woche krank im Bett und ist zu nichts zu gebrauchen. Aber Ihnen muss ich das ja nicht erzählen, Sie sind ja oft genug krank. Kommen Sie hier rüber, ja hier. Die Tomaten – ja – genau die, die sehen gut aus, haben Sie Brot? Was frage ich überhaupt. – Schauen Sie sich nur die Schlange an der Wursttheke an, die ist schrecklich lang, vielleicht nehmen wir einfach was aus dem Regal. Und jetzt zeigen Sie mir mal, auf welchen Typ Frau Sie so stehen. Ja, zeigen Sie einfach mit dem Finger drauf, nur keine falsche Scheu. Ah ja – die dort hinten mit dem Jeansrock und den abstehenden Ohren? Sehr schön. Mein Geschmack ist es nicht, aber wir wollen schließlich Ihr Leben auf die Reihe kriegen. Und jetzt sprechen Sie sie mal an, kommen Sie schon, nur nicht schüchtern sein, Frauen riechen so was, verstehen Sie? Passen Sie auf mit den Tomaten, Sie zerdrücken sie ganz." Ich wurde mit einem Mal dermaßen nervös, dass ich nicht merkte, wie ich zwischen meinen Fingern die Tomaten zu einer wässrigen Pampe knetete.

„Guten Tag, junge Frau, das hier ist – na los, worauf warten Sie, stellen Sie sich vor. Egal. Das ist Philip, er würde sich gerne mit Ihnen zum Abendessen treffen, wenn Sie nichts dagegen hätten." Sie öffnete den Mund, um zu einer Antwort anzusetzen, doch das Männchen war schneller. „Er bringt gerade sein Leben wieder in Ordnung, schwieriger Fall. Nein, vorbestraft ist er nicht, gucken Sie doch nicht so, ja, ja, ich weiß, dass Sie das gerade gedacht haben, aber er hat eine weiße Weste, ist nur etwas antriebslos. Vielleicht wären Sie so freundlich und würden mir Ihre Nummer geben, dann ruft er Sie an." Der Kerl hielt ihr einen blitzenden Kugelschreiber vor die Nase. Sie griff wie hypnotisiert nach ihm, kramte einen Zettel aus der Handtasche hervor, kritzelte eine Nummer darauf und reichte ihm das Stück Papier. Mit einer flinken Bewegung packte er zu und ließ es in meiner Jackentasche verschwinden. „Ah ja, vielen Dank, ich sehe schon. Er meldet sich bei Ihnen, sobald er Zeit hat. Noch einen schönen Tag, auf Wiedersehen." Sprach's und ging von dannen. Ich lächelte unbeholfen und hetzte hinterher.

„Die war doch ganz nett, meinen Sie nicht? Gut, ähnlich schüchtern und schwer aus der Reserve zu locken wie Sie, aber die taut noch auf, vertrauen Sie mir, ich kenne diese Sorte: Mauerblümchen, ja, ja, Sie werden mir noch dankbar sein, da gibt es nichts zu grinsen." Ertappt schüttelte ich das unbeholfene Lächeln, das in meinem Gesicht zu einer Grimasse der Bestürzung und Sprachlosigkeit erstarrt war, ab und bemühte mich wieder um einen betont gelangweilten Blick.

„Glauben Sie mir. Sie müssen nach vorne schauen, immer nach vorne, das ist das Geheimnis. Wer zurückblickt oder sich umschaut, der gerät ins Stolpern, und wer stolpert, der wird – Sie ahnen es schon – ineffizient. Immer nach vorne, Augen immer geradeaus, dann laufen Sie auch in niemanden rein. Entschuldigen Sie, Fräulein, er ist nicht ganz auf der Höhe heute, schönen Tag wünsche ich Ihnen. – Wissen Sie, der Vorteil, eine Frau zum Abendessen auszuführen, besteht darin, dass man nicht so viel Zeit verliert. Zu Abend essen müssen Sie ohnehin, also warum nicht mit einer Frau, und, Sie sehen schon, worauf das wieder hinausläuft, ganz genau, Sie haben mehr Zeit für anderes und sind – effizienter. Das müssen Sie sich immer wieder sagen, immer wieder. Eis essen: Zeitverschwendung. Spazieren gehen: Zeitverschwendung. Schlittschuh laufen: Zeitverschwendung. Im Abendessen, da liegt die Zukunft der vernünftigen Zeiteinteilung, das können Sie mir glauben. Haben Sie Ihr Geld dabei? Ich werde nicht für Ihren Einkauf aufkommen. Wie viel? Na gut, geben Sie." Bevor ich überhaupt antworten konnte, riss er mir die Einkäufe aus der Hand. „Hier, bitte sehr, vielen Dank, auf Wiedersehen. Ach, und eines muss ich Ihnen noch sagen, das mir sehr am Herzen liegt, wo wir vorhin bei nach vorne schauen waren: Hören Sie um Himmels willen auf, mit ihren Exfreundinnen zu schlafen. Konzentrieren Sie sich auf die Zukunft. Die Vergangenheit ist passé, die Gegenwart nur ein Augenblick. Das Morgen ist unsere Zukunft, das Übermorgen, sich nur nicht einholen lassen von den an..."

Da fiel der kleine Kerl einfach um, mitten auf dem Gehweg, und blieb am Boden liegen. Ich wollte erst fragen, ob alles in Ordnung sei, entschied mich dann dafür, nach Hause zu gehen und mich wieder ins Bett zu legen.

Anja Kruse
glashaus

„ich ruf die polizei!"
sage ich, als du dich über meine bedürfnisse wunderst.
du lässt den stein aus deiner hand fallen.
blickst mich seltsam an.
es poltert. scheppert. klirrt
der stein ist durch das glasdach gebrochen.
unter uns: die realität.
kann sie durch das loch hören.
risse im glas.
„lass uns gehen", murmel ich.
du legst ein brett über das loch.
du lächelst.
mir wird übel.
zu viele pflaster, verbände, bretter, brücken, nähte, illusionen.
„ich ruf die polizei!",
sage ich, als du dich entfernst.
du blickst dich um.
hebst deine hand zum abschied.
der verband um deinen zeigefinger weht im wind.
ich lasse mich fallen.
breche durch das dach.
sehe dich dort oben lächelnd fortlaufen – mit blutenden sohlen.
neben mir – die polizei.
um meine handgelenke: fesseln
vorwurf:
unerhörte bedürfnisse
und:
einbruch in die realität

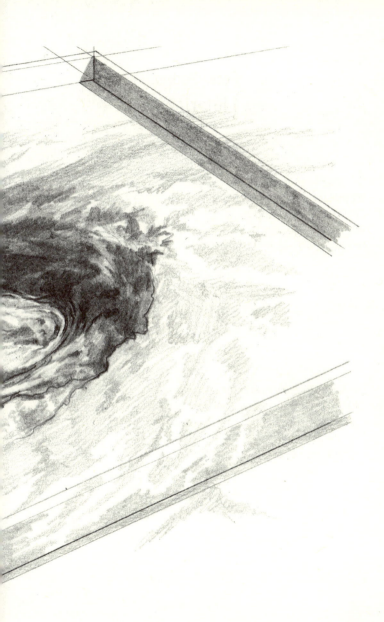

Peter Podrez
Limerick I

Ein alter Hippie aus Hagen
Wollt' Liebe in die Welt tragen,
Zog durch das Land
Im Friedensgewand
Und wurde zusammengeschlagen.

Limerick II

Ein alter Pfarrer aus Polen
Wurde ins Ausland empfohlen,
Fuhr nach Turin,
Dankte auf Knien
Und hat das Grabtuch gestohlen.

Oliver Berger
Synthetische Gedanken

Schweigen.

Mund. Verschlossen. Zahn auf Zahn. Zunge dahinter. Spröde Lippen. Trocken und hart. Lederlippen. Gänzlich versiegelt. Verschmolzen. Zernäht und verbunden. Versiegelt mit Schweigen …

Schweigen.

Über was sprechen? Der Trip nimmt kein Ende. Hier bin ich. Und hier bin Ich. Ich war dort. War hier. Ich bin ich. Ich war es und alles. War er, sie und bin ich. Niemand bin ich. Ich kenne mich und bin doch jeder und alles. Kenne nichts, wenn ich denke. Bin alles im Schweigen …

Schweigen.

Gefesselt. Auf den Stuhl gefesselt. Ohne Ketten. Trägheit fesselt. Antrieb fehlt. Gehen? Wieso? Bin hier. War dort. Gehen? War alles und jeder, bin niemand und hier. Stehend gefesselt. Im Sitzen auf dem Stuhl. Allein sitzen und schweigen …

schweigen.

Sehend. Die Welt im Auge. Dreck im Auge. Fenster. Geschlossen. Stuhl davor. Ich darauf. Blick hinaus. Springen. Fenster geschlossen. Blick in den Himmel. Fliegen. Vögel sehen, denken. Bilder im Kopf. Ohne Augen im Kopf. Bilder denken, Augen schweigen …

schweigen.

Summen einer Fliege. Surrend im Raum. Um meinen Kopf. Summsumm. Um meinen Kopf. Stille. Trippelnde Beinchen. Saugender Rüssel. Pause. Summsumm. Fliege fliegt weiter. Töne. Echt oder unecht? Echt. In diesem Raum? Nein, unecht. Höre Elefantentrompeten singen. Gummisohlen. Pflegerschritte auf dem Gang. Ich schweige ...
schweige.

Sinnend versenkend. Ruhe suchend. Dunkle Lider vor den Augen. Schwarz im Kopf. Einen Moment. Dann Bilder. Strömend. Bilder von riesigen Zähnen, garstigen Monstern. Bilder von Füßen. Von Beinen und Händen. Von tausend Organen überall schwebend. Bilder von Tunneln. Rasenden Tunneln. Ich in der Mitte. Alles rast. Springt auf mich zu. Ich in der Mitte. Die Angst will in mich hinein. Mich erfassen. Schlussendlich besiegen. Will mich stehlen. Wird mich quälen. In Ewigkeit, Schweigen ...
Schweigen.

Pflegerschritte. Gummisohlen. Schlüssel. Schloss. Metall. Klingendes Metall. Triangel. Tür geht auf. Anton. Pfleger Anton, der Blonde. Gelbkopf. Himmelaugen. Wolkenloses Blau. Anton mit den Gummisohlen. Weiße Hosen. Weißes Hemd. Blauäugiger Strohkopf. Junge. Mensch mit schimmernden Lippen. Mensch mit Sprache. Das Schweigen brechend, sprechend ...
„Na, Noah? Wie läuft's ...? Oder besser, wie sitzt es sich heute? Schöner Himmel draußen. Ein paar Wolken. Aber schön blau" wie deine Augen „. Frau Deicke meint, deine Eltern kommen heut. Schon aufgeregt?" Lach nicht. „Versteh schon, du doch nicht." Du lachst. „Wusst' ich doch. Kennst die doch schon 'ne Weile. Ungefähr seit du auf dem Planeten hier bist." Planet. Sonne Mond. Sterne. Um mich. Hölle. In mir. Hölle. Monster. Teufel und Dämonen. „Könntest mal wieder deinen Mund aufmachen und mit ihnen sprechen.

Die Armen machen jetzt wirklich schon lange 'ne schlimme Zeit durch. Kannst doch echt mal deinen Mund aufmachen. Seh' doch, dass da oben noch was drinsteckt", das wehtut, das Angst macht, das Teufel schafft „. Gut, wollte nur Bescheid sagen. Ich geh' noch die anderen Zimmer ab und hol' dich dann." Ich höre scheuerndes Stroh auf wippendem Kopf. Hinter mir. Nur Töne im Nacken. Gummisohlen. Türschloss schnappt. Einer bleibt zurück. Allein. Sitzend. Gefesselt. Sinne versenkt. Umgeben von rasenden Wesen, summenden Klängen, allein sitzend, gefesselt im Schweigen ...
Schweigen.

***

Lange Stille. Dann Gummisohlen. Türschloss. Pfleger Anton. Kommt mich holen. Ich rieche ihn. Seine wolkenlosen Augen. Blauer Himmel. Tief und grell. Hell und Licht. Stroh vor meinem Gesicht. Aufblitzende Zähne. Anton. Wir kennen uns. Einst war ich er. Einst er ein anderer. Oder ein Niemand. Jetzt bin ich hier auf diesem Stuhl. Ich weiß. Ich weiß auch, dass ich woanders bin. Diese Perspektive ist echt. Ich rolle durch den Gang. Vorbei an geschlossenen Türen zu meiner Linken. Vorbei an geschlossenen Fenstern zu meiner Rechten. Leuchtendes Weiß. Ich weiß. Ich weiß, dass es echt ist. So echt wie die Tunnel, die ich sehe bei geschlossenen Augen. Die rasenden Tunnel. Die blutigen Münder. Die schreienden Fratzen. Alles ist echt. Ich in der Mitte. Alles rast um mich. Alles zieht mir vorbei.
Doppeltüren. Gebürstete Metallgriffe. Weiße Paneele. Klare Scheiben. Gestreckter Zeigefinger. Knopf gedrückt. Schall. Stimmen sprechen. Impulse. Vor mir – kratzende Töne. Lautsprecher. Hinter mir – schwingende Stimmbänder. Anton. Stille. Pause. Ton. Licht. Doppeltüren gehen doppelt auf. Doppelte Freude und doppelter Ärger. Zweimal will ich raus. Zweimal zurück. Anton ist sanft. Kein Mensch. Ein goldener Sommermorgen schiebt mich sacht in den

Tag. Seine Stimme säuselt um mein Ohr. Dringt ein. Sonnige Worte. Säuselnder Strohkopf. Müdigkeit. Lider fallen zu. Eltern. Vater Mutter. Wachsendes Gras. Vom Taschenkamm gerade gezogen. Dunkler Schnurrbart. Plätschernder Bach. Bunte Fische auf Haarspangen. Haarig blonder Wasserfall. Vater Mutter. Liebende Eltern. Immer Liebende. Ich als Kind. Sie als Eltern. Wir zu dritt. Marie daneben. Wir zu viert. Ich in der Mitte. Alles rast um mich.

Augen auf. Ich auf dem Stuhl. Werde gerollt. Gummisohlen quietschen im Ohr. Anton. Pfleger Anton, der Weiße. Er spricht. Redet. Spricht zu mir. Redet von meinen Eltern. Du weißer Anton. Kennst sie nicht. Bist nicht ich. Warst nicht ich. Ich schon. Ich war alles. Ich war jeder. Ich war jetzt und ich war immer. Bin nun hier. Rolle nun. Alles zieht mir vorbei.

Eine Ecke noch. Ich weiß. Eine Tür noch. Werde gerollt. Um die Ecke. Da ist sie, die Tür. Durch die Tür. Da ist er, der strahlende Tag. Frische Luft. Im Atem die Frische. Leer schmeckt der Tag. Der beste Tag schmeckt immer leer. Ohne Geschmack ist der beste Geschmack. Lässt Platz für Noah. Für Eigengeschmack. Weiter schiebt er mich. Anton. Über den holprigen Weg. Zwei da vorn. Ein Schnurrbart und ein Wasserfall. Der liebe blonde Wasserfall. Seidig sanft leg' ich mich in dich. Mein gutes Wasser. Blond fließt du hinab. Streichelst mein Gesicht unter dir liegend. Kitzelnd im Nasenflügel das haarige Wasser. Mutter. Ein Mensch. Lippen. Lächeln. Formende Münder. Sprache ohne Töne. Nur spannende Muskeln über den Knochen. Eltern. Struppige Borsten bartig gekämmt. Straffere Züge. Leerere Augen. Vater. Kein Mensch. Mein Vater.

Unter den stehenden Wolken. Schmutzige Flecken. Dreck an der Decke. Unter dem zotigen Himmel. Da schleicht der Anton fort. Drei bleiben zurück. Zwei Eltern ein Kind. Vater Mutter. Der allwissende Sohn. Der Ich. Ich, der alles war. Der Stuhl steht. Alles steht um mich. Fest und verankert. Ich in der Mitte. Meine Eltern um mich. Vater

Mutter. Augen blitzen. Tiefe Augen. Höhlen. Seen voll Wasser. Leuchten. Fließen. Tränen hinunter die Wangen. Blonde Wasserfälle wehen im Wind. Wässrige Tränen rollen über Wangen. Augen zu. Zeit bleibt stehen. Träne schwebt in der Luft, fällt nicht. Ich blicke ganz tief hinein. In ihr spiegelt sich die ganze Welt. Alles. Jedes und jeder in einer Träne. Alles versammelt im wässrigen Tropfen. Augen auf. Klatsch macht die Träne. Platscht auf den Boden. Höre es nicht. Denke es. Wässrige Augen. Traurig und froh. Mutter.
„Hallo, Noah." Ich schweige.

***

Meine Lippen sind versiegelt. Ich könnte sprechen. Ich weiß. Ich könnte die Sperre durchbrechen. Den Mund öffnen. Luft hereinlassen. Atem herauslassen. Stimmbänder schwingen lassen. Biegen. Surren. Summsummen. Krächzen lassen. Könnte ich alles. Doch ich schweige. Was soll ich sagen. Erkenntnis in mir. Einst geschluckt. Im Darm verdaut. Im Kopf verdaut. Vom Geist zerkaut. Tunnel gebaut. Ich war alles und jeder. Bin nun ein anderer. Die Welt blieb gleich. Versteht mich nicht. Sprechen? Wozu?

„Hallo, Noah. Hier sind wir wieder." Mutter Vater. Da seid ihr wieder. Immer seid ihr da. Immer. Immer seid ihr. Wart ihr mal nicht? Ich war und bin immer. Ihr? Wart ihr mal nicht? „Marie konnte nicht kommen. Sie muss lernen auf ihre Prüfung morgen. Chemie" hat mich hierher gebracht „. Sie ist in der Schule wirklich gut geworden. Schön, nicht wahr? Du siehst heute auch wieder besser aus. Weißt du, dass" du lügst. Du lügst. Lüge. Stimme schwingt falsch. Augen zu. Ich sehe die Wellen. Der Schall erstarrt in der Luft. Skalpell. Pinzette. Ich seziere die Wellen. Extrahiere die Wahrheit. Schneide die Lügen heraus. Ich sehe nicht gut aus. Nicht besser. Nicht innen. Nicht außen. Alles ist schlecht. Ich verwese. Fauliges Obst. Gammliger Apfel. Nur Leben im Kern. Das Fleisch muss verrotten. Der Kern wird dann keimen. Gepflanzt in die feuchte Erde. Sprießen muss er. Neues Leben. Hundert Äpfel. Augen auf. Du lügst, Mutter. Vater, du auch. Eure Augen. Verlogenes Schimmern. Netzhaut voll Fische. Tote Fische im frischen Wasser. Tränen bedecken die Netze. Rollen nicht. Bleiben hängen. Nasse Augen. Verlogene Worte. Ich sehe schlecht aus. „Du bist jetzt wirklich schon eine Weile hier. Wir vermissen dich." Nun fallen sie. Nun rollen sie wieder. Über die Wangen. Hinunter zum Kinn. Plitsch Platsch. Salzige Sprache. Trauriges Salz. Tränen. Lange Zeit. Kein Wort. Vater stumm. Mutter weinend. Vater Mutter. Vermissen mich. Missen mich. Wissen. Wissen nicht um mich. Um die Welt um mich herum. Ich in der Mitte. Ich kann nicht vermissen. Da ich alles war. Da ich jeder war. Ich kenne jedes einzelne Atom. Das ganze Universum. Ich in der Mitte. Ich, der Vermittler. Die Brücke. Alles um mich. Steht fest und rast doch um mich her. Ich war alles und jeder. War er, sie und bin ich. Kann nicht vermissen. Kenne nicht viel. Nur Wissen. Und Angst. Kenne die Angst. Immer und überall. Lauernd. Wartend. Dann greifend. Angst und die Tunnel. Durch sie gebaut. In sie hinein. Tunnel der Angst. Leer in ihr. Voll von ihr. Und ich mittendrin.

Sie spricht. Und spricht. Und spricht schon eine Weile. Ich komme zurück. Höre die Stimme. Höre sie durch den Wasserfall. Blicke sie an. Samtene Worte. Ein Name? Ein Schlüssel? „Noah?" Ein Trost? „Noah ..." Ruhe? „Noah, hörst du mich?" Ich höre dich. „Da bist du ja wieder." Vater Mutter. Wehendes Wasser. Von Haaren durchwirkt. Blonde Worte. „Lieber Noah, wo warst du nur?" Innen. In der Welt. Nicht hier. Nicht bei euch. Wo wart ihr? Wart ihr da? Seid ihr immer? Ich bin es. „Würdest du nur wieder sprechen, Noah", dann wärt auch ihr voll mit der Angst. Wollt ihr die Tunnel? Wollt ihr die Monster? Ich halte den Mund. Versiegle die Lippen. Verschmelze, verbinde sie. Zernähe sie. Lederlippen. Öffne sie nicht. Die Angst bleibt in mir. Ein tiefes „Noah" aus Vaters Mund. Schnurrbart wird beschnaubt von riesiger Nase. Der Dunkle steht fest mit dem Boden verankert. Vater. „Komm doch wieder zurück. Komm wieder zu uns." Ich bin da. Augen zu. Ich bin weg. Ich bin innen. Die Zeit steht. Bewegt sich nicht. Kein Zucken. Keine Sekunden, Minuten und Stunden. Die Zeit steht. Augen auf. Ich bin da. In eurer Welt. Meine ist es auch. Mehr noch als eure. Ich war die Mitte. Ich war dein Schnurrbart. Ich war der blonde Wasserfall. Erinnert ihr euch? Ich war die Verbindung von allem. Die Welt habe ich gesehen. Sehe sie noch. Anders. Sehe sie anders. Nicht wie ihr. Nie wieder wie ihr. Bin nun gefangen. An die Erleuchtung gekettet. „Wir vermissen dich wirklich." Dann macht doch die Augen zu. Spürt mich. Kommt durch die Tunnel. Ich warte. Ich warte. Ich warte hier. Auf der anderen Seite. Auf der Seite der Angst. Kommt her. Nein, bleibt! Bleibt, wo ihr seid. Das ist eine Falle. Bleibt in der Welt. In der euren. Unter dem bläulichen Himmel. Den fasrigen Wolken. Bleiern und staubig. Fleckig verdreckt. Bleibt dort. Kommt nicht zu mir. Meidet die Angst. Meidet das Wissen. „Wir haben mit Doktor Deicke gesprochen." Habt gesprochen? Deicke. Meine. Nicht! Meine. Leben. Ohne Worte. Vater Mutter. Schweigt. Schweigen müsst ihr. Nicht Deicke sprechen. Schweigen. Augen zu. Alles rast um mich. Riesenschlund. Abgrund voll Zähne. Blutige Lungen. Ich tauche hinein. Platzende Bläschen. Schwimme im Blut. Berstende Lungen. Gefährliche Zähne überall treibend. Ich schwimme hindurch. Zähne wie Klingen. Schneiden mein Fleisch. Ich schwimme und schwimme und blute und rot. Stücke von Fleisch. Fallen von den Knochen. Treiben im Blut. Schnitte. Überall Schnitte. Am ganzen Körper. Verliere Finger, Hände und Teile des Körpers. Alles zerschnitten. Ein Zahn in mein Auge. Schneidet es raus. Gleich einer Scherbe die Butter. Ich, augenlos, umgeben von platzenden Bläschen der berstenden Lunge schwimmend im Blut. Augen auf. Bin wieder da. Deicke. Ihr habt gesprochen. Vater Mutter. Vertrauen schmilzt. Zerfließt in Ekel. Pest Verderben. Fauliges Wasser. Wimmelnde Borsten. „Sie hat uns von deiner Therapie erzählt", die nicht existiert. Nie existierte. „Von der Therapie die du vorher gemacht hast, als" ich noch nicht geboren war. Als ich noch keine Seele hatte.

Als ich noch sprach. Ohne Innereien. Ohne Gehirn. Gedankenlos. Verbrannt im Kopf. Vorgebrannt.

***

Therapie. Therapie. Sätze. Worte. Sprache. Sinn. Gedanken. Sterben. Vergangenheit. Gegenwart. Handlungen. Vater Mutter. Zukunft. Leben. Geschichten. Therapie. Lügen. Nichts als Lügen. Großer Schwindel. Kinder. Klein mit Freunden. Erinnerungen. Erfindungen. Fehler und Falsches. Deicke. Den Eltern erzählt. Therapie. Nie. Was wisst ihr? Nicht sprechen. Ihr dürft nicht. Nicht über Therapie. Das Leben ist meins. Ich hab' es erzählt. Konstruiert. Gebaut. Eine Festung aus Lügen. Worte gepflanzt. Desinformation gesät. Hinter jeder Wahrheit ein Hinterhalt. Kommt nah ran zu mir. Ich in der Mitte. Pirscht euch ans Zentrum. Ich in der Festung. Denkt ihr. Denkt, ihr kennt die Finten. Die Lügen. Kommt näher. Da seid ihr direkt vor mir. Und. Wumm! Direkt ins Gesicht. Volle Granate. Knallhart hinein. Mitten ins Maul. Ein Schneeball voll Steinen. Einen hatte ich noch. Da war noch einer. Ein schmerzhafter Hinterhalt. Ihr mitten rein. Rein in den Leim. Festgeklebt. Direkt vor mir. Und. Wumm! Volle Granate. Rein ins Gesicht. Therapie ist Terror. Finger weg. Meine Worte. Meine Lügen. Meine Wahrheit.

„Noah! Beruhige dich doch. Jost, halt ihn fest, er fällt gleich vom Stuhl" und bricht sich alles, was er hat: Hände, Beine, Augen, Hirn, Gedärm und Innereien. Vater Mutter. Schnurrbarthände. Tiefe Stimme: „Noah. Kannst du sprechen? Sag doch, was du hast. Sag doch", dass ihr meine Gedanken nicht stehlen dürft, dass ihr meine Vergangenheit mir lassen müsst, dass ihr meine Lügen leben lasst und meine Geschichten nicht anfasst „. Er wird wieder ruhig" nach außen. Augen zu. Geduckt durch das Dunkel. Kriechend im Schleim. Kaum Atmen möglich. Durstig nach Luft. Lungen voll Wasser. Voll klebrigem Schleim. Kopf hoch. Nach oben recken. Schultern hinterher. Körper hinterher. Aufrecht stehen. Tief atmen. Zwerchfell hinunter. Bauch heraus. Weit. Weit bläht er sich. Auf. Weiter, Bauch. Weiter. Riesenhaft bläht er sich. Ein großer Ballon. Der Bauch schwebt gen Himmel. Mein Körper hängt dran. Bauch Mond. Nacht bricht herein. Mond steigt zur Mitte des Himmels. Eine Sichel hängt dran. Mein Körper am Bauch. Ich in der Mitte. Der Mitte der Nacht. Sterne um mich. Weiß leuchtend. Sterne. Zackig und spitz. Der Mond muss sich hüten. Sich ducken. Muss fliehen vor den Spitzen. Den Mördern des Himmels. Tödlich kleine Waffen. Rasen um mich her. Ich in der Mitte. Beschleunigte Sterne. Böse grinsend. Scharf geschnitzt. Angespitzt. Einer kommt näher. Leuchtende Zacken. Grün nebliger Stachel. Fliegt auf mich zu. Mond Bauch. Achtung. Vorsicht. Ein Hieb. Spitze Attacke. Direkt hinein. Schlitz in der Wamme. Luft schießt heraus. Ein strömender Schwall. Schimmelnder Atem. Moosig wogendes Wabern. Das Rund fällt zusammen. Gestorbener Mond. Vom Unheil zerfressen. Stürzende Sichel. Zur Erde hin fallend. Sterben im Auge. Tod kommen sehen. Augen auf. Ruhe. Ich bin ruhig. „… Noah. Es ist doch nichts passiert. Wieso regst du dich so auf? Frau Deicke hat uns doch gar nichts erzählt. Wir haben nur erfahren, dass du schon einmal in Therapie hier warst." Mund öffne dich. Lange genug geschwiegen. Brüllen muss ich. Ich schreie euch an. Zernähte Lippen, öffnet euch. Nein! Nie sollt ihr wissen. Meine Wahrheit. Mein Leben. Ich kenne euch. Kenne den Schnurrbart, kenne den blonden Wasserfall. Haarig und sanft. Ich kenne die Stoppeln und Borsten am Kinn. War ich doch alles. Steckte in euch. Steckte in allem im Innern. Nun lasst mir mein Leben. Es steht euch nicht zu. Ihr kennt einen anderen. Ich gehöre nun mir. Bin euch entwachsen. Wurzeln gekappt. Allein auf mich gestellt. Kann meine

Augen schließen. Kann die Welten wechseln. Zeit anhalten. Farben riechen. Stimmen tasten. Kann Wasser atmen. Kann fließen. Weiß alles. Kann schweigen für immer. Stimmen verstehen. Lügen sehen. Kann Augen lesen. Eure wässrigen Augen. Seht mich an. Bin fertig. Ausgewachsen. Hoch gesprossen. Voll entwickelt.

„Nun sag doch. Äußere dich. Mach irgendwas. Wäre es für dich in Ordnung, wenn wir mit Frau Deicke zusammenarbeiten würden?"

Zwei Kreaturen um mich. Kreisend. Geifernd. Bellend und schnappend. Lasst mir die Augen. Sehen muss ich. Bestien seid ihr. Riesig. Gefährlich. Beißend. Stinkende Monstren. Speichelnde Münder. Hungrige Mägen. Ich seh' in euch rein. Ihr wollt mich verschlingen. Lasst mich in Frieden. Fletschende Zähne. Triefender Horror. Fäden im Mund. Ich kenne euch. Teuflisches Vieh. Schreiende Fratzen. Weg mit euch. Pest Verderben. Borstiges Maul. Ätzendes Haar. Vater Mutter. „Jost. Schnell. Hol einen Pfleger" und spring fort, spring weg von ihr, hier und mir. Reiß dir die Beine aus dem Leib. Zerplatzet, ihr beiden. Du Übrige. Der eine ist fort. Du allein. Ich zerberste in Stücke. Zerspringe in toxische Scherben. Stirb nun du Monster. Glimmende Augen. Voll Durst lodernde Augen. Tief seh' ich hinein. Nur Übles dahinter. Angst wickelt mich ein. Meterlange schwarze Seide. Wickelnd um mein Gesicht. Körper gefesselt. Angstumwunden. Ziehend. Immer enger. Schmerz. Durchzieht meinen Leib. Stechender Schmerz. Schmirgelnde Seide. Brennende Haut. Schwarz schmirgelnde Angst.

Ich reiße die grellgelben Büschel. Büschel vom Schopf. Vom kantigen Kopf. Du hässliches Wesen. Friss dieses Gift. Ich geb' es dir hier. Steck' es ins Maul. „Noah. Ich bin's doch. Mama. Beruhige dich. Ich bin's doch", mein schlimmster Alptraum, mein Todesurteil, der bittere Dolch mitten im Herz. Ich will zerfließen. Augen zu. Zerrinnen. Augen auf. Erblinden. Augen zu. Ersticken. Augen auf. Anton. Da bist du. Mein Engel. Im weißen Gewand kommst du geflogen. Anton. Die Farben erleuchten. Leben. Blauer Himmel. Deine Augen strahlen zur Decke. Flaumige Wolken. Kristallene Ewigkeit über dem Kopf. Bestien erkalten. Feuer verstummt. Metamorphosen. Geburt der Seligkeit. Weizenregen. Ein goldener Wasserfall. Erhellte Züge. Dort. Ein wuschlig schnurrender Bart tanzt her zu uns. Lächelnde Lippen. Vater Mutter. Und du, Anton. Guter.

„Komm, Noah. Hilf ein wenig mit. Auf den Stuhl" will ich rauf. Danke. Guter. Lieber Strohkopf. Blondschopf. Gelbkopf. Anton. Schieben ist gut. Weiter. „Ich glaube, das war genug Aufregung für heute. Am besten sollte Noah sich jetzt beruhigen. Allein. Ich bring' ihn zurück in sein Zimmer." Gerettet. Weg bin ich. Erlöst und Erleichtert. Schieb Schieb. Holpernd. Über den Boden. Erde. Steine. Grüne Borsten. Gräser. Blumen. Alles da. Große Bäume. Riesenhaft. Schützende Dächer. Blätterndes Rascheln. Natürliches Wissen. Gewissen. Schlecht. Übertönen. Mit lauten Gedanken. Raschelnde Worte. Muss zurück. Deicke. Geheimnisse. Verstecken. Vater Mutter. Unwissend. Müssen es bleiben. Mein Leben. Meine Angst. Löscht alles aus. Gutes muss sterben. Tag für Tag. Nichts bleibt übrig. Wütender Dämon. Wütet umher. Wütend und mordend. Gammliger Apfel. Fleisch verrotte. Der Kern muss leben. Sprießen. Leben in der Mitte. Alles rast. Schnaubender Troll. Ich werde dich finden. Tief in mir drin werd' ich dich finden. Wie kamst du da rein? Du Böses in mir. Ich schneid' dich heraus. Brauch' nur ein Messer. Ein heiß flammenes Schwert.

Jürgen Braun
biomasse

voller
wertvoller
mein allerwertester
teil von dir

2 äuglein amputiert
marktnachfrage gebiert
literweise bluttransfusionen

kaufe perücken mit tausend meter echthaar
für männer im besten alter
für 13 c/m

gehirnmasse ausverkauft
dafür raucherlungenrabatt

zum ersten zum zweiten
arbeitskraft/d je nach nahrungszufuhr
verbrauchsanweisung beachten

GG art. 1
~~würde~~ biomasse
~~unantastbar~~ unverkäuflich

lächeln im add-on verfügbar
jung blutig zart & frisch
mindestens haltbar bis: siehe z. 19

lächeln für die wertung

Catarina von Wedemeyer
(ohne Titel)

kommt.
geht noch mal raus.
(raucht noch)
kommt wieder rein.
verschränkt die Arme.
kommt morgen wieder.
Sense vergessen.

Stefan Schwinghammer
Mensch im Anfahrtsweg

E r sagt: „Hi, ich bin Flint."
Und sie darauf: „Aha, und wer ist dieser Flint?"

„Ach weißt du", beginnt er, „in meinen früheren Leben war ich ein Piratenkapitän, Jesse James und der Torero Luis Miguel Dominguín, und als ich diesmal zur Welt kam, wog ich zehn Pfund. Mehr als Clint Eastwood bei seiner Geburt. Meine Kindheit hab' ich in Mexiko, Singapur, Marokko und Rumänien verbracht. Mein Vater war Botschafter und wir sind viel rumgekommen. Dann hat man mich auf Eliteschulen in England verfrachtet. Ich hab' in Oxford studiert, an der Sorbonne und in Heidelberg. Meinen Abschluss hab' ich in Yale gemacht. Meine Doktorarbeit trug den Titel *Die Kritik am vernünftigen Sexualleben des Immanuel Kant*. Danach hab' ich mich treiben lassen. Ich hab' den Ärmelkanal auf dem Rücken durchschwommen, den Nanga Parbat bestiegen und bin in einem raketengetriebenen Auto mit 1.288,46 km/h durch die Salzwüste Nevadas gefahren. An einem Tag mit strahlend blauem Himmel. Ich war mal Europameister im Armdrücken und in meinem Keller befindet sich das kleinste Kino der Welt. Ich kann mit acht Bällen jonglieren und hab' bei einem Grand Slam-Turnier Ivan Lendl geschlagen. Ich kann sechs Minuten lang die Luft anhalten und Johnny Cash hat ein Lied über mich geschrieben. Ich war mal eine Zeit lang Cricket-Profi in Indien und danach hab' ich dort noch als Schlangenbeschwörer und Tigerbändiger gearbeitet. Ich hab' mit Easton Ellis und

Jay McInerney gezecht und mir in Miami ein paar Trips mit Hunter S. Thompson eingeworfen. Ich hab' den Pazifik mit meiner Segeljacht durchkreuzt und ich kann dir mehr Orgasmen pro Nacht bescheren, als ein Kolibri in der Minute mit den Flügeln schlägt. Und wenn du willst, bring' ich dir am Morgen danach sogar selbst gemachte Pfannkuchen mit Ahornsirup ans Bett."

„Wow, ist das wahr?", fragt sie.

„Nein", sagt er, „alles gelogen."

„Und wer bist du dann?"

„Alles, was du willst, solang ich dich heut Nacht in meinen Armen halten darf und du dich an mich drückst, als wäre ich der letzte lebende Pandabär."

Martin Lerzer
Der Anruf

Es war kurz nach ein Uhr nachts.
In der Wohnung und im gesamten Haus war kein Laut zu hören. Auch bei den Nachbarn unter ihnen schwieg der Fernseher schon seit geraumer Zeit. Draußen blies der Wind über den feuchten Asphalt.

Plötzlich störte das Telefon die Stille. Es klingelte: Einmal. Zweimal. Nach dem zweiten Klingeln Geräusche aus dem Schlafzimmer. Hastig suchte er nach seiner Brille, stieß beim Umrunden des Bettes mit dem Schienbein gegen die Kante, fluchte leise und fand im Halbdunkel schließlich den Weg in das Wohnzimmer.

Viertes Klingeln. Ob die Kinder wohl noch schliefen?

„Hallo?", nuschelte er ins Telefon und presste den Hörer an sein Ohr. Kurze Stille.

„Ja, Thomas, grüß dich, was …"

„… oje …"

„… du stehst bei Frankfurt?"

„… hast du noch den Transporter?"

„… das sind über hundert Kilometer von hier aus …"

„Na klar, übernachten könntest du schon bei uns, das wäre nicht das Problem, aber …"

„Weißt du, die Kinder schlafen und unsere Kleine ist etwas erkältet. Wir wollen morgen früh mit ihr zum Arzt und ..."

„Nein, nichts Schlimmes, wahrscheinlich eine Grippe ... Hör mal, Thomas, ich würde dir wirklich gerne helfen, aber das passt momentan ganz schlecht, ich hab' dann morgen auch auf Arbeit einiges zu tun ..."

„... ja, das wäre natürlich schön, sich wieder mal zu sehen, vielleicht klappt's ja in zwei Wochen, da habe ich Urlaub ..."

„Ja, genau", er lachte fast hysterisch und etwas zu laut auf, „zu einer vernünftigen Tageszeit, das wäre besser ... Soll ich dir noch die Nummer von einem Abschleppdienst heraussuchen oder ..."

„Und dann noch viel Glück, tut mir wirklich leid, aber ... ja, mach's gut."

Er blieb noch eine Weile in dem wieder stillen Wohnzimmer sitzen. Aus dem Kinderzimmer war nichts zu hören. Schließlich stand er auf, lauschte im Gang noch einmal, sah aus dem Fenster auf die Straße hinaus, ging in das Schlafzimmer zurück. „Was war denn los?", fragte sie schläfrig. „Hat vorhin nicht das Telefon geklingelt, es ist doch sicher schon spät." - „Schlaf weiter, alles in Ordnung", sagte er. „Die Kleine hat noch Husten, man hört sie manchmal, schlaf nur weiter."

Nach kurzer Zeit war sie wieder eingeschlafen. Er lauschte ihrem Atem und lag mit offenen Augen auf seiner Seite des Bettes.

Annika Blanke
Autobiographie

Geb' dir ein Stück meiner Welt
mit auf den Weg.

Trägst sie
– zwischen Buchdeckeln –
durch deine,
die
Seite für Seite,
Schritt für Schritt
größer wird.

Und
gehend und blätternd
schreibst du
deine eigene Geschichte.

Christian Ritter
Der Roman

Ich hatte da diese Idee, die Idee zu dem perfekten Roman. Der hatte alles, alles, was man sich wünschen kann. Er hatte Witz, Esprit, Sex, Action, einen Einstieg, der fesselnder und verblüffender nicht sein könnte, und eine unglaublich tiefgehende Handlung. Mehr noch, Handlungsstränge en masse, von denen der Leser am Anfang denkt: „Wo soll das alles hinführen? Was will mir der Autor damit sagen?", bis es irgendwann Klick macht und alles einen Sinn ergibt und er, der ordinäre Leser, aufmerkt und ausruft: „Wow, Hammer, das macht ja alles einen Sinn, ich bin fasziniert." Es ging um Liebe, um Tod, Trauer, Treue, Träume, eben um alle wirklich großen Themen der Literatur, auch um Genitalien.

Die Idee zum Roman kam mir, als ich auf dem Bamberger Maxplatz ein Pony stehen sah. Ich erinnere mich noch ganz genau: Das Pony stand da, eine Frau mit rotem Hut lief vorüber, ich wurde angesprochen, ob ich mich mal über „dieses Buch hier", die Bibel, unterhalten wolle, der Himmel war wolkenverhangen, ein Fahrradfahrer wurde von älteren Passanten zum Absteigen genötigt, ein gelber Kleinbus quetschte sich gemächlich durch die Massen, ein Hund bellte, das Pony zuckte zusammen, und da, in diesem Moment, kam mir die Idee. Als ob ein Vorhang gefallen wäre, der mir die Erkenntnis bis dahin verschleiert hatte. Plötzlich war alles da: Personen, Handlung, Anfang, Ende. Zack! Bumm! Ein Meisterwerk. Ich stand wie festgefroren, gebannt, stunned, wie der Engländer sagt, und in meinem Kopf spann sich DER Roman des jungen einundzwanzigsten Jahrhunderts zusammen. Der Roman, dessen man sich schämen muss, ihn nicht gelesen zu haben, ein neuer *1984*, ein neuer *Catcher in the Rye*, ein Coming-of-Age-, Bildungs- und Gesellschaftsroman, der anprangert, ohne den Zeigefinger zu sehr zu schwenken, und der dennoch die Welt verändern wird. Ein Roman, für den die Feuilletonisten der FAZ ihre süffisante Arroganz UND ihre arrogante Süffisanz vollkommen über Bord schmeißen und in wahrer Ehrfurcht eine Lobpreisung verfassen würden, in der Thomas Mann lediglich in der Verbindung mit „viel, viel besser als" vorkommen würde.

Die Idee war da, ich musste sie nur noch festhalten. Ich ließ also das arme zitternde Pony ebenso wie den Kreationisten und die Schnäppchenjäger außer Acht, bahnte mir flugs meinen Weg durch die gemüsekaufende Bamberger Bevölkerung, erstürmte mein Zuhause, setzte mich an den Schreibtisch, googelte mich eben noch selbst und begann zu schreiben. Drei Wochen später war ich fertig. Das Ergebnis meiner Arbeit übertraf meine kühnsten Erwartungen. Ja, das war er, der neue *Werther*, nur ohne anschließende Suizidwelle, wahrscheinlich. Ich druckte das Manuskript dreizehnmal aus und schickte es an Diogenes, Suhrkamp, Fischer, Lübbe, Rowohlt, Eichborn, Aufbau, Kiepenheuer und Witsch und Villeroy und Boch. Das letzte war eher ein Versehen; immerhin bekam ich aber zwei Quadratmeter Terrakottafliesen als Dankeschön zugesandt. Auch die tatsächlichen Verlage geizten nicht mit Rückmeldung. Kaum eine Woche war vergangen, da trafen die ersten überschwänglichen Briefe ein, die mich nach Frankfurt, München, Köln und/oder Berlin einluden, um über die Anzahl der Nullen beim Verlagsvorschuss zu sprechen. Das persönlichste Engagement zeigte der Suhrkamp Verlag. Eines Freitagabends klingelte es an meiner Tür, ich öffnete und sah mich Ulla Unseld-Berkéwicz gegenüberstehen, die mich mit einer Magnumflasche Champagner und einem etwas freizügigen Outfit von ihrem Angebot überzeugen wollte. Nachdem ich sie ihres Weges gewiesen hatte, nicht ohne das Getränk einbehalten zu haben, dachte ich zum ersten Mal darüber nach, was der Megaerfolg meines Romans eigentlich für mich selbst bedeuten würde. Mein Leben würde sich ganz schön ändern. Gehen wir das einfach mal durch:

Der Roman kommt raus, er landet auf den Bestsellerlisten und macht mich reich. Soweit okay. Da gibt es aber noch anderes. Der Verlag wird mir natürlich ein Management zur Seite stellen, das vierzig Prozent meiner Einnahmen einstreicht, mir im Gegenzug aber die angesagtesten Lesungen zwischen Braunschweig und Xanten organisiert. Meine Lesereise wird sich über alle deutschen Lande und die angeschlossenen Alpenrepubliken erstrecken. Jeden Abend wird es nach der umjubelten Lesung eine Fragestunde geben, zu der sich auch Literaturwissenschaftler und Deutschlehrer ins Publikum einschleichen, die ihre Interpretationsansätze präsentieren. Es werden Meldungen auftauchen, wie: „Wenn auf Seite zwohundertzwooo", der distinguierte Mann hält inne, um dem interessierten Publikum inklusive mir die Möglichkeit zu geben, auf Seite 202 zu blättern, „wenn also auf Seite zwohundertzwo Evenice und Katja Dildosex auf dem Veteranenfriedhof in Washington D.C. haben, lässt sich das auf der Metaebene als Anti-Kriegs-Metapher deuten?" Mir wird nichts anderes übrig bleiben, als allabendlich zu antworten: „Tja, hm, das können Sie sehen, wie Sie wollen. Ich fand's nur irgendwie geil." Im Anschluss an die Lesung wird man sich natürlich mit der Buchhandlungsinhaberin „nett zusammensetzen" und bei einem Gläschen regionalen Weines über die Literatur an sich palavern. „Ich fachsimple so gerne mit Autoren", werden sie alle sagen, „Wissen Sie, Bücher sind meine große Liebe", nicht ohne hinzuzufügen, „Ich wohne übrigens allein."

Der SPIEGEL wird hinten im Kulturteil einen Artikel bringen mit einer abgedroschen-plakativen Überschrift wie „Der junge Wilde" und einem Bild von mir, auf dem ich entweder eine lässige Lederjacke trage oder irgendetwas Gefährliches in der Hand halte und es sehnsuchtsvoll betrachte – eine Handgranate vielleicht oder das Grundgesetz. Im atmosphärischen Einstieg wird der Satz stehen: „Der Autor kommt zu spät. Es passt zu ihm. Wie sein schludriger Pullover. Er bestellt ein Kaltgetränk. Kein Bier vor vier, sagt er. Es ist zehn Minuten vor vier." Im Mittelteil des Artikels wird wie beiläufig der Satz fallen: „Ritters Sätze gehören in Stein gemeißelt und als Protestnote vor dem Bundeskanzleramt platziert." Dem nicht genug. Die mediale Aufmerksamkeit wird plötzlich schrankenlos sein. Elke Heidenreich wird in ihrem Internetfernsehen sagen: „Lesen Sie das. Mir hat's gefallen." Hellmuth Karasek wird kommentieren: „Es ist ein kluges Buch. Ich habe es verschlungen und meiner Frau empfohlen." Hellmuth Karasek empfiehlt sonst niemals Bücher seiner Frau. Er redet nicht mal über sie. Selbst Reich-Ranicki wird gegenüber seinem Postboten äußern: „Ich nehme dieses Buch an."

Durch meine mediale Omnipräsenz werden Heerscharen von Fans auf mich aufmerksam, hauptsächlich aus der Altersgruppe sechzehn bis zwanzigeinhalb, genau das Klientel also, das für die *Sportfreunde Stiller* mittlerweile zu anspruchsvoll und für *Turbonegro* noch nicht reif genug ist.

Im StudiVZ werden plötzlich Ritter-Fangruppen aus dem Boden schießen: „Ich will mit ihm knutschen", „Ich will mit ihm kuscheln", „Ich will Sex mit ihm", „Ich hatte mal Sex mit ihm und wurde danach nie wieder angerufen". Die wenigsten Mitglieder weist eigenartigerweise die Gruppe „Ich habe seinen Roman gelesen" auf. Schließlich formieren sich Aktionsbündnisse, die aus aller Welt Pilgerreisen in meinen Heimatort antreten, um ganz vielleicht einen flüchtigen Blick durch meine Vorhänge erhaschen zu können. Jedes Jahr einmal werde ich ans Fenster treten, ein Baby über die Brüstung halten und salbungsvolle Worte sprechen, etwa fünf.

Ja, das wäre schon alles ganz nett, dafür würde es sich lohnen. Aber andererseits: Muss ich mir das wirklich antun? Die geheuchelten Lobpreisungen, die Speichelleckerei? Der Druck, beim Folgewerk noch einen draufzusetzen? Der mediale Hype, der mich noch arroganter macht, als ich es ohnehin schon zur Genüge bin? Wenn das öffentliche Interesse dann irgendwann nachlässt: Depressionen, Alkohol, Drogen, Drogenentzug, eine einfühlende Dokumentation über den Entzug, von Herlinde Koelbl, und irgendwann Dschungelcamp. Muss das sein? Kann das nicht alles Daniel Kehlmann übernehmen?

So dachte ich vor mich hin, das Manuskript vor mir auf dem Tisch, die Word-Datei geöffnet, und als ich so länger darüber nachsinnierte, merkte ich kaum, wie ich das Werk Blatt für Blatt zerriss, den Papierhaufen zusammenklaubte, ihn hinüber in die Badewanne trug, mit Haarspray einsprühte, ein Streichholz ansteckte und ein flauschiges Lagerfeuer entzündete. Obenauf schmiss ich, da ich genau weiß, wie einfach eine gelöschte Datei wiederherzustellen ist, meine flugs ausgebaute Festplatte. So saß ich im Badezimmer, wärmte meine Hände am Feuer, briet mir einen Schaschlikspieß und fasste einen Entschluss: Ich suche mir einen Beruf, bei dem man nicht so leicht abheben kann. Morgen starte ich meine neue Karriere. Als Bodenturner.

.

Anja Kruse
Stilbruch

Rotkäppchen hat ihre Wäsche schwarz gefärbt.
Der Wolf hat sie übersehen.
Ihre Großmutter zielt mit der Flinte auf das Mädchen.
Der Kuchen fällt zu Boden und der Wein fließt auf den Dielen.
Danach ging Großmutter in den Wald und schoß sich noch einen Wolf.

Oliver Berger
Die Menschen sind bunt

Schwimmend treiben wir Wellen durch die Stadt. Die Zeit ist rot. Rot sind wir. Eine Gruppe, eine Masse, alle rot. Wir biegen uns um die dritte Ecke. Und dort steht einer, ganz allein. Ganz in *gelb*. Weiß er nicht, dass die Zeiten rot sind? Ist er dumm? Oder ist er arm? Uns egal. Wir drängen ihn gegen die Wand, schimpfen ihn aus und schlagen ihn hart.

Zeiten vergehen und die Farben durchlaufen ihren natürlichen Wechsel. Wir graben uns Tunnel durch die Stadt. Der Himmel leuchtet grün. Grün leuchten wir. Viele Gesichter, viele Körper, alle grün. Wir unterkellern jedes einzelne Haus. Und ganz tief unten, da kauert einer. Ganz in *rot* kauert er. Weiß er nicht, dass wir nun grün leuchten? Ist er langsam? Oder ist es ihm egal? Uns ist es nicht egal. Wir lachen ihn aus, spucken ihn an und treten ihn weich.

Monde gehen unter, Sonnen verglühen. Wir turnen auf Händen über den Teer. Lila sind die Blüten im Garten der Stadt. Lila sind wir. Wimper um Wimper, Haar um Haar. Alles ist lila und purpurn gefärbt. Unsere Fingerspitzen tanzen stumm durch die Gassen. Kein Ton stört die Stille des frischen Tages. Da! Ein Atemstoß hinter dem hohen Zaun. Gewandt steigen wir hinüber. Mächtig und lila stehen wir da. Und vor uns, vergraben in frischer Erde, unter gerupftem Gras, da liegt einer, *grün und leuchtend* furchtsam versteckt. Uns platzt der Kragen. Was liegt er da und leuchtet grün? Ist er verrückt? Will er uns reizen? Wir sind gereizt und brüllen ihn an, drücken ihn fest in den warmen Boden, ersticken den Körper am helllichten Tag. Grün leuchtet sein letztes Licht in den dunklen Abend. Mächtig und lila stehlen wir uns davon.

Die Erde dreht sich im Takt der Tage. Kalenderblätter fallen zerrissen zu Boden. Wir schwingen durch die Stadt, hängend an Seilen. Durchleuchten Gärten und Wohnungen. Schwarz ist die Nacht und schwarz sind auch wir. Von Kopf bis Fuß in Ruß getaucht gleiten wir mit dem leisen Wind. Geschwärzt bis auf den Kern unsrer Seele suchen wir auch noch das letzte Kind. Eins, das wissen wir sicher, fehlt uns noch. Eins wird es immer geben, das anders ist.

In Gruppen wird die Stadt durchkämmt. Unsichtbar kleben wir am dunklen Himmel. Uns entgeht nichts. Und kurze Zeit später schon erschallt das Signal. Alles strömt zu dem einen Ort. Blutrünstig versammelt vor einer hölzernen Tür wetzen wir die Klingen bereit zum Kampf. Stille herrscht für einen Moment. Knarzend öffnet sich die Tür und da steht das ersehnte nächste Opfer. Gekleidet in weißes Leinen schwebt es in unsere Mitte herein. Ein lichter Stern inmitten der schwarzen Nacht. Wir schreien und stürmen durstig drauf los. Da streift das Leinen von den Schultern und sinkt vor die Füße des göttlichen Kinds. Unter dem Weiß da verbarg es sich. In all seiner Buntheit verbarg es sich dort. Doch nun steht es da und blendet uns, nagelt uns fest in den harten Beton. Erstrahlt gleich einem Regenbogen in all seiner Pracht. Erstarrt zu Salzsäulen verharren wir lang. Meine Brüder streifen leis' ihre Gewänder ab, schleichen hinfort, um gleich darauf wieder zu kommen. Als Menschen strömen sie nun herbei in allerlei Farben, bewaffnet mit Hämmern und hohem Mut. Ein Schlag reicht aus und ich zersplittere zu tausend Scherben unter dem goldenen Mond. Ein Meer aus Glas füllt die Straßen.

Besiegt liege ich und zerschneide die Füße der ach so bunten Menschen unserer verkommenen Stadt. Bunt seien sie, sagen sie, schon immer gewesen. Doch glaubt ihnen nicht. Fragt den beschimpften, geschlagenen gelben Mann. Fragt den bespuckten, getretenen roten Kerl. Und liebend gern würde ich euch den Jungen fragen lassen, der grün leuchtete und nun erstickt liegt im verbuddelten Sarg. Fragt sie alle, ich kenne die Antwort. Als ich am Himmel klebte in unserer dunkelsten Nacht, da gab es keine Farben unter mir. Ich sah es genau. Es gab sie nicht. Alles war schwarz.

Aber wer lauscht schon der Stimme eines Scherbenhaufens? Einfacher scheint es mit dem Besen mich aufzukehren und langsam rieseln zu lassen in den Eimer voll Müll. Man vernimmt das Klirren und vergisst mich schnell.

Nathalie Keigel
Totgeburt

In der Absicht, durch Reflexion Ordnung in ein unzivilisiertes Chaos zu bringen, hat Augustin mit seiner Vorstellung des *bellum iustum* den Aggressionstrieb des Menschen in das Rad der Ewigkeit gesetzt.

So führen wir Kriege. Wir beobachten, wägen ab, prüfen und es bleibt wenig: Schon im Bezeichnen eines Unrechts zum Benennen von Recht liegt ein Unrecht des Bezeichnenden.

***

Da lag er nun. Ein kleiner, dürrer Körper unnatürlich verdreht auf rauem Asphalt. Fast hätte man meinen können, dass er in Anbetracht eines solchen Nichts an Körperlichkeit von der unerbittlichen Härte hätte absehen müssen. Die Dinge sind es gewohnt, den Gesetzen Folge zu leisten, selbst dann, wenn die Regeln unerträglich sind. Christian musste die Augen abwenden. Das Metall der Brüstung stieß ihm kalt in die Lende. Hier hatte sie gesessen. An dieser Stelle hatte sie zum letzten Mal Sauerstoff durch die Lungen gezogen, war das letzte Mal einem Gedanken gefolgt, hatte das letzte Mal Licht durch ihre Netzhaut eingelassen, ehe sie jenem Impuls nachgegeben hatte, dessen Schwingung sie immer wieder aufzunehmen geneigt war. Eine zartgliedrige Hand zum ewigen Gruß gereicht.

Er vernahm die Stimmen der sich unter der Brüstung ansammelnden Passanten wie aus einem geschlossenen Nebenzimmer; „... kein Puls ...", „... hat schon jemand den

Notarzt geholt ...?" Lauter aber hallte das Schweigen der Betroffenheit zu ihm hoch. An seinem tauben Arm baumelte die Tüte mit dem Bier. Der Grund, für den er eine längst Entwichene kurz aus den Augen gelassen hatte. Nur kurz. Der Moment war gekommen und vorübergegangen. Langsam drehte er den Körper, dessen Steuerung er einem anderen überließ. Die Beine taten das, was sie fast vierzig Jahre lang gelernt hatten. Sie trugen ihn entlang eines Straßenlaufs, wohl bedacht auf die Fugen zwischen den Pflastersteinen, obwohl seine Augen nach innen gestülpt in ihren Höhlen lagen. Der Kopf prangte übergroß auf seinem Rumpf.

Wo ist ein Anfang auszumachen, wenn das Ende stets vom Horizont mitwinkt?

Magda war ein schwieriges Mädchen, das hatte jeder Ungefragte bestätigt. Aus den Umlaufbahnen der anderen war das so ersichtlich. Vielleicht waren sie von der Gegenwart mehrerer, parallel nebeneinander existierender Umlaufbahnen nicht in Kenntnis gesetzt worden. Und doch gibt es sie, ab und an. Die leise Ahnung, das kurze Aufhorchen ob einer kleinen Dissonanz. Ähnlich schwingt sie mit in der kurzen Erstarrung nach einem Fehltritt am obersten Treppenabsatz vor einem unabwendbaren Fall. Ein Schreck, der sich tief ins Weiche rammt, über die Beschaffenheit von Unbekanntem. Gepaart kommt sie daher, die Dissonanz, mit dem befremdenden Verdacht, dass sich alles nach grundlegend anderen Regeln abspielt, als bisher angenommen. Die Wut schließlich über den fürchterlichen Verrat führt einen mit dem Wohlwollen einer Vaterhand in die sicheren Gefilde altbekannter Intervalle zurück.

Bremer Reihe 3, Magda Hamich. Der Name führte zu einer kurzatmigen Resonanz, der Finger wollte sich unter alten Vorzeichen bereits zum Klingelknopf heben. Es blieb der bloße Befehl einer unlängst gebildeten Synapse, welche die Amputation zu übergehen versuchte. Worte und Zustände waren ihres Sinns beraubt und hatten der Sprachlosigkeit stumm den Platz geräumt.

Nur die gegossene Materie hatte den Übergang unbescholten überstanden und ihren Aggregatzustand beibehalten. Für einen kurzen Moment erfüllte ihn das mit Fassungslosigkeit, während ihm der Schlüssel Zutritt verschaffte. Die Jalousien waren heruntergelassen, durch die schräg gestellten Lamellen drang das strahlenportionierte Licht der weichen Abendsonne und streifte den Flur. Als die Katze maunzend aus der Küche kam und mit hochgerecktem Schwanz auf ihn zusteuerte, hob sich die leere Hand, tastete nach der kühlen Wand, ehe der Körper wie knochenlos zu Boden sank.

Magda hatte auf getrennte Wohnungen bestanden. „Ich liebe diese Wohnung, Christian", hatte sie unter ihrem dichten Pony zu ihm hochblickend gesagt. „Seit ich hier wohne, fühle ich mich geborgen wie nirgendwo sonst." Und dabei war es geblieben. Selbst dann, als schon lange klar geworden war, dass Magda Hilfe brauchte. Wie viele Nächte war er von seiner Wohnung am anderen Ende der Stadt losgezogen in Erwartung des Schlimmsten. Bei jeder noch so kleinen Wartezeit an der U-Bahn-Station hatte er stumme Qualen ausgestanden und war in der festen Überzeugung des Zu-spät-Kommens atemlos bei ihr eingefallen. Spielerisch hatte er sich manchmal über die Konkurrenz der Wohnung lustig gemacht. Und manchmal tatsächlich so etwas wie Eifersucht auf sie verspürt.

Es war in der Tat eine ausgesprochen schöne Zweieinhalbzimmerwohnung. Altbau um die Jahrhundertwende mit einem alten Eichenboden und einer klitzekleinen Küche, in der gerade mal der Kirschholztisch Platz hatte, an den man sich nur unter größter Entbehrung der sonst gewohnten Beinfreiheit setzen konnte. Den ersten Abend ihres Zusammenseins hatten sie bis spät in die Nacht an diesem Tisch gesessen, sich betrachtet und über Bekenntnisse der Lippen einander zugeneigt. Dies geschah lange bevor sie sich auch körperlich kannten.

Die Bleibe hatte Magda vor fünf Jahren mit dem Erbe ihres Vaters gekauft. Christian hatte sie zur Besichtigung begleitet. Am Eingang hielt sie einen Moment lang inne, so wie sie manchmal zögerte, ehe sie sich für seine geöffneten Arme entschied. Dann trat sie ein. Mit der Innenfläche ihrer rechten Hand befühlte sie vorsichtig die Wand und tastete sich zur ersten Tür vor. Das Gesicht an den Rahmen gelegt blickte sie ins Innere der Küche. Das Küchenfenster trug den Ausschnitt der jüngsten Tage einer Birke. Nach einer Weile trat sie ans Waschbecken, drehte den Hahn auf, lauschte dem harten Geräusch von Wasser auf Blech und trank gierig vom fließenden Farblos. In der Mitte eines Zimmers legte sie sich auf den Rücken, betrachtete den schlichten und an einigen Stellen abbröckelnden Stuck und bat ihn, sich neben sie zu legen. Der junge Makler war etwas befremdet im Flur stehen geblieben und hatte es nach anfänglichen Versuchen unterlassen, auf die Vorzüge der Wohnung hinzuweisen. Magda war das Verhältnis bereits eingegangen.

„Wenn ich nach Hause komme und mit geschlossenen Augen eintrete, dann rieche ich den kühlen Kalk der Wände ... Beim ersten Schritt in ihr Inneres fängt die Wohnung an, mit mir zu sprechen." „Von den Geräuschen der Außenwelt lässt sie nur gerade so viel herein, wie ich ertragen kann und mich gleichzeitig nicht alleine fühle ... Sie ist wie ein Weichzeichner, unter dessen Filter ich das lieben kann, was ich sonst verabscheue", solche Dinge pflegte Magda zu sagen. Sie hatte Christian unermüdlich davon zu überzeugen versucht, dass bereits bewohnte Räumlichkeiten die Aura der Vorbewohner in sich trügen. „In diesen Räumen haben nur gute Seelen gelebt."

Die Wohnung war, wie Christian vermutete, wahrscheinlich der einzige Ort, wo Magda sich richtig gehen lassen konnte und ihr von Unrast geprägtes Wesen etwas Ruhe fand. Er hatte nur selten den Wunsch geäußert, dass er sie gerne bei sich hätte. Sie bei sich zu haben, hätte bedeutet, dass sich Magda in eine weitläufige Anlage aus kühlen, aber wohl kalkulierten Funktionalitäten hätte begeben müssen. Der Bau stammte aus dem letzten Jahr, aus der Feder von Christians Freund Frederik, der auf klare Formen und lichtdominierte Räume setzte. „Es ist, als lebte man für jene, die von außen reinsehen können", hatte sie am Morgen einer seltenen Nacht zu ihm gesagt, die Stirn ans Glas der bodenlangen Fensterfront gelehnt. Ins milchige Weiß ihres kondensierten Atems und in sein Schweigen hatte sie mit der Fingerkuppe schließlich „Kaffee!" gemalt und sie hatten gelacht.

Dass Magda außerordentlich empfindsam war und ihre Umwelt durch einen Schleier der Schwermut besah, hatte ihn von Beginn an seltsam berührt. Das Eigenartige in ihrer Art zu sprechen und ihren Bewegungen schien ihm von einer wundersamen Poesie durchdrungen, ohne dass er solches selbst in Worte zu fassen vermocht hätte. Christian war ein stiller Mensch. Auf keinem der Photos, die ihm seine Mutter nach einem verhältnismäßig gut verlaufenen Weihnachtsfest nachgeschickt hatte, lächelte er. Ihm selbst war das nicht aufgefallen. „Wie ernst du schon als Kind ausgesehen hast", bemerkte Magda, nachdem sie die Bilder von ihm und seinen drei Geschwistern mit einem entrückten Lächeln betrachtet hatte. Als Erster hatte er sich dem stillen Elternhaus im ländlichen Norden Deutschlands entzogen und war unter dem Vorwand eines vorzeigbareren Abschlusses in die Stadt gezogen. Ein Vorwand, der nicht einmal nötig gewesen wäre, denn viele Dinge passierten seine Familie schweigend. Sein Entschluss zum Studium wurde hingenommen, wie vieles andere hingenommen wurde; man ermutigte ihn nicht noch hinderte ihn irgendjemand daran. Seine jüngste Schwester, die sehr an ihm hing, war die Einzige, die ihn während des Jahres besuchte und den

Eltern erfundene Herzlichkeiten übermittelte. Durch Magdas selbstverständliche Offenheit wurde er viele Jahre später mit einer Nähe vertraut gemacht, zu der ihn nie zuvor jemand herausgefordert, um deren Möglichkeit er nicht einmal gewusst hatte.

Von ihrer Familie sprach aber auch sie nicht viel. Die Mutter war früh an Brustkrebs gestorben und Magda und ihre ältere Schwester hatten sich um den Haushalt und den Vater gekümmert. Auf seiner Testamentsverkündung schließlich hatte er Alma kennengelernt. Eine energische, hübsche Frau, wie er fand, und Mutter von zwei Kindern. Sie war Christian, ganz anders als Magda, ohne Vorbehalte begegnet und hatte ihm ihre Karte zugesteckt. „Für alle Fälle", hatte sie in bestimmtem Tonfall gemeint.

Das erste Mal hatte er sie ein Jahr später angerufen.

„Du musst jetzt gehen", hatte Magda zu ihm gesagt, nachdem sie ihn mitten in der Nacht wachgerüttelt hatte. Mit dem Blick einer Fremden hatte sie vor dem Bett gestanden und ihm seine Kleider hingehalten. Er hatte sich aufgesetzt und das Bündel ungläubig entgegengenommen. Ohne ein weiteres Wort an ihn zu verlieren, war sie aus dem Zimmer gegangen und hatte sich im Bad eingeschlossen. Auf sein Flehen und die zärtlichen Zusprüche hatte sie keinen Laut erwidert und irgendwann hatte er verwirrt und betroffen die Wohnung verlassen, als die Sterne schon verblichen. Jeden Tag war er nach der Arbeit in die Bremer Reihe gefahren, hatte geklingelt und vergeblich auf ein Lüften der Jalousien gewartet.

„Alma? ... Ja, Christian hier, der ... Freund von Magda. Wir haben uns damals beim Notar kennengelernt ..." – „Christian! Schön, dass du anrufst. Ist alles in Ordnung?" Sie wusste sofort, um was es ging. „Es ist schwierig mit Magda. So eine gute Phase hat sie schon lange nicht mehr gehabt. Ich habe gehofft, durch dich würde sich etwas ändern. Es ist immer dasselbe; nach einer guten Zeit, in der man sogar mit ihr hat reden können, lässt sie sich wieder gehen ... Das kann ich auch meiner Familie nicht zumuten. Als sie von hier weggezogen ist, war ich froh für sie, ein Neuanfang, auch mit dem Engagement vom Theater ... Es tut mir leid für dich ...", sagte sie traurig und wusste auf seine Frage, um was es denn genau ginge, nicht recht zu antworten. „Sie steht nicht mehr auf, pumpt sich mit Pillen und Alkohol voll. Mit Tabletten beginnt es meist. Du kannst nichts tun ...", leise hatte sie zu weinen begonnen. Er war nicht die erste Person, der sie erklärend beistand.

Nach dem Telefonat fuhr Christian sofort zu Magdas Wohnung. Über das Trommeln der Sorge legte sich das Gefühl der Erleichterung. Es hatte nichts mit ihm zu tun. Er hatte nichts Falsches getan. Sie öffnete ihm nicht und in wachsender Panik klingelte er bei der Nachbarin von gegenüber.

„Die haben sie geholt", sagte ihm die alte Frau, deren graue Augen aus tiefen Höhlen blickten, „vorgestern oder schon vor drei Tagen. Sie hat im Treppenhaus rumgeschrien, ich hab' mich gar nicht getraut, den Müll runterzubringen ...", empörte sich die Zitterstimme. Sie wusste nicht, wohin sie sie gebracht hatten.

Zu Fuß ging er zurück ins Büro, Straßen und Menschen, Geräusch und Geruch zerfielen in Unbenanntes ohne Zusammenhang, im Ohr klopfte es. Frederik erwartete ihn: „Christian, was zum Teufel ist mit dir los? Um elf waren Hoss und Thilmann da, der Termin war scheißwichtig, wie konntest du den vergessen, verdammt noch mal." In diesem Ton hatte sein ältester Freund noch nie mit ihm gesprochen. Aus seinem Blick sprachen Wut und Enttäuschung. Christian setzte sich, und nachdem er das Zittern in der Stimme zu kontrollieren glaubte, begann er von den vergangenen Wochen zu erzählen.

„Und du hast nie irgendwas gemerkt? Scheiße, wie ist denn so was möglich?" Nein, hatte er nicht.

Es gab da ausschließlich einen Abend, an den er nicht mehr hatte denken wollen, der ihm aber gerade jetzt in den Sinn kam. Es war eines der wenigen Male, wo er sie zu einem Abend mit Bekannten hatte überreden können. „Wenn du mir sagen kannst, was ich anziehen soll, und mich einweisen kannst, wie es sich dort so spricht, dann komme ich mit", hatte sie in diesem sarkastisch-spitzbübischen Tonfall gesagt, der ihn oft dazu verleitete, knurrend über sie herzufallen und im Scherz ihre Erhabenheit zu demontieren. Aber die Unsicherheit zitterte hörbar über ihre Stimmbänder, dass er es bleiben ließ. Betont leichtfertig antwortete er: „Trag', was dir gefällt, und sag', was du denkst, dann kann nichts schief gehen, Mago", und traute sich dabei selbst nicht über den Weg. Die Gesellschaft, in die er sie mitzunehmen vorhatte, war zwar auf ihre Art locker, bestand aber dennoch auf ihre Kodices, um das Gebot eines gelungenen Abends nicht zu brechen.

Luzia und Klaus hatten ihn zu der Einweihungsparty ihres Hauses eingeladen, an dessen Planung Frederik und er maßgeblich beteiligt gewesen waren. Die Zusammenarbeit mit den beiden war nicht gerade leicht und hatte sich durch zahlreiche Sonderwünsche ausgezeichnet, deren Umsetzung sowohl diplomatische als auch fachliche Hochseilakte gefordert hatte. Luzia war Designerin für Kindermode aus wohlhabendem Hause, Klaus ein aus eigener Kraft aufgestiegener Finanzmann, was er selten zu betonen vergaß. Das Haus war eine stilistische Tabula rasa geworden, die beiden aber höchst zufrieden, Christian und Frederik einig, sich auf solche Unterfangen nicht mehr einzulassen.

Schweigend waren sie in den noblen Vorort gefahren, der Regen hatte hart aufs Autodach gehämmert und Christian hatte sie immer wieder ansehen müssen, die Schöne im zinnoberroten Kleid. Eingehüllt in die Wärme dieser Kabine wäre er mit ihr am liebsten endlos durch die Nacht gefahren, ohne Ziel und Wort. Frederik würde nicht da

sein. Mathilde könnte jeden Moment entbinden. Bei ihm liefen die Dinge immer ein Stückchen richtiger.
Magda zappelte auf dem Sitz, er lächelte still.
Das Haus prangte hell erleuchtet am Ende der Straße, auf dem Kiesweg parkten schon etliche Straßenkühe und das Ganze referierte auf die Kulisse irgendeines amerikanischen Streifens.
Luzia erblickte ihn als Erste. „Christian", flötete sie, an den Gästen vorbei auf ihn zu scharwenzelnd, „wie schön, dass du da bist!"
Sie hatte ihn während der Bauplanung nicht nur einmal mit eindeutigen Gesten auf ihre Reize aufmerksam gemacht und rückte auch jetzt vertraulich an ihn heran. Magda würdigte sie keines Blickes. Der Akt dauerte nur wenige Sekunden und wog dennoch schwer in seinem Spiel. „Luzia, das ist Magda, meine Freundin", sagte Christian, nachdem er sich der Situation bewusst geworden war.
„Oh ...", sagte Luzia gedehnt, „und was machen Sie so, Magda? Bauen Sie auch schöne Gebäude?" – „Ich arbeite am Stadttheater", antwortete Magda hölzern. „Ach, eine Schauspielerin ...?" – „Statistin." Das darauf folgende Schweigen ließ Magda erstarren. Erst die Gesellschaft eines sehr charmanten Bekannten von Christian brachte Magda allmählich wieder ins Geschehen zurück. Sie gut aufgehoben wissend machte sich Christian auf die Suche nach seinen Partnern. Irgendwann später an diesem Abend kam Luzia zu ihm. „Deiner Freundin geht's nicht gut, glaube ich, die ist schon 'ne ganz schöne Weile auf der Toilette", raunte sie.
Einzelne verstummten und die Blicke wanderten nach oben zur Galerie, Christian tat es ihnen gleich. Da stand eine Gestalt an der Treppe, wankend, im zigeunerroten Kleid, die sich mühsam am Treppengeländer aufrecht hielt, die Haare waren ins Gesicht gefallen. Christian eilte die Treppe hoch. Ihr Blick richtete sich unverwandt auf ihn. „Ich will nach Hause", sagte sie schwer atmend. Sie sank gegen seinen Kör-

per, der Atem roch nach Erbrochenem. Unten angekommen, wo zu viele Menschen auf einmal schwiegen, packte Christian Magda auf seine Arme und verließ das Haus, ohne das Wort an jemanden zu richten. Luzias anzügliches Mitleid hätte er nicht ertragen, schon gar nicht Magdas wegen. Auf der Heimfahrt musste er zweimal anhalten, wenn Magda aus kurzem Schlaf erwachte. Christians Kopf war leer, als er ihr die Haare aus dem Gesicht hielt, seine Hände taub, als er ihr seine Jacke über die nackten Schultern legte. Zu Hause bei sich streifte er ihr das verschmutzte Kleid vom Leib und stellte sie in die gläserne Duschkabine. Sie ließ es über sich ergehen, gegen seine Brust gelehnt, während er sie warm abduschte. Nachdem er sie zugedeckt hatte, streifte das dunkle Augenpaar kurz seinen Blick. Dann schlief sie ein. Über diesen Abend hatten sie kein Wort verloren.

Am nächsten Tag war Magda nachmittags zu ihm ins Büro gekommen, in einem weißen Sommerkleid, und hatte ihn zu einem Spaziergang im Park überredet. Sie hatte gelacht, die ganze Zeit, ihn geschubst und geküsst, immer wieder.

Der richtige Moment ist ein Konstrukt.

„Lass uns wegfahren, Chris, ich will endlich mal raus aus dieser Stinke-Stadt!", hatte sie eines Morgens in ihrem letzten Oktober gesagt. Es regnete seit Wochen und die Sonne zeigte sich nur wenige, kurze Male, müde und wolkengestäubt. Christian hatte viel zu tun, jeder Tag wurde ungewollt länger und das Verlangen nach einem Ausbruch echote in ihm nach. „Wohin sollen wir denn fahren? Bis zur Sonne dauert es vermutlich 'ne Weile", feixte er lachend. „Ich will irgendwo in die Höhe, irgendwo, wo man atmen kann", meinte Magda und blickte runter auf die Straße, auf der sich Vehikelschlangen prustend über Wasserstraßen schoben. Sie fuhren raus aus der Stadt, und als die Serpentinenstraße begann und sie sich höher drehten, rückte Magda heraus.

„Ich muss dir was sagen, Chris ... Du kennst doch Jörn, ... den Bühnenbildner ..." – „Hmm." Die Straße wurde schmaler, je höher sie kamen, der Kurvenradius enger und bei jedem entgegenkommenden Fahrzeug musste man abbremsen und langsam aneinander vorbeimanövrieren. Gerade war es eine Familie, Mutter, Vati mit Halbglatze und Pullunder, die Kinderchen, Junge und Mädchen, beide blond, blickten erwartungsvoll in ihr Auto. „He, die Kleine hat mir die Zunge rausgestreckt!", drehte sich Magda nach dem Wagen um und lachte ihm hinterher. Es klang hoch und klirrte, dann war sie eine Zeit lang still. Christian blickte über das weitläufige Panorama, die Wolken hingen dicht und bleischattiert über den Höhen, und dachte nichts.

„Ich habe mit ihm geschlafen. Letzte Woche, einmal", durchbrach sie die Stille. Er blickte zu ihr hin. Sie saß aufrecht und sah geradeaus, die rechte Hand auf dem Fensterheber, als müsste sie sich festhalten. In seinem Ohr begann es zu pfeifen, so dass er dachte, sie müsse diesen Ton auch hören. „Es kommt nicht mehr vor, Chris, wir haben noch was getrunken nach der Premiere und dann ... Es war nichts dabei, gar nichts, nichts weiter ...", sie verstummte. Christians Kopf war leer, als er den Wagen neben der kleinen Steinkapelle parkte, seine Hände taub, als er aus dem Wagen stieg und auf den äußersten Fels hinausging, von dem aus man die steile, endlos tiefe Wand des Staudamms sehen konnte. Jemand hatte ein Graffiti hingesprayt. Oben links prangten einsam und verhältnismäßig klein die Initialen zweier Namen. Jener Liebende hatte sich dafür unten ans Geländer hängen und sich mit der einen Hand festhalten müssen, während er mit der anderen sein Werk vollbrachte. Kalter Wind zurrte an der Kleidung und trieb einem das Wasser in die Augen. Vereinzelt lag verbrauchter Schnee, auf dem See dahinter trieben kleine Eisschollen.

„Chris ...?" Sie war lautlos neben ihn getreten und blickte ihn an. Er drehte sich zu ihr, blickte schweigend in dieses Gesicht, dieses tiefe, das bekannte, geliebte. „Lass uns in die Kapelle gehen", meinte er ruhig und strich ihr das wirre Haar aus dem Gesicht.

Der Eingang der Notfall-Aufnahme war der einzig erleuchtete an der Seitenfassade. Zu klingeln brauchte er nicht, er kannte den Weg. Kein Mensch begegnete ihm auf dem Flur, die Schwestern blickten hoch, als er im Ausschnitt der Scheibe auftauchte. Eine davon war Marie. Sie lächelte, sagte etwas zu den anderen und trat aus dem Zimmer. „Doktor Lutz ist gerade auf einer anderen Station, Sie können aber hier warten, es dauert nicht lange", sagte sie freundlich. „Wollen Sie die Tageszeitung?" Er verneinte und setzte sich auf das harte Plastik. Gegenüber hing ein Bild von Hundertwasser. Pädagogengepinsel, wie seine Schwester zu sagen pflegte.

Doktor Lutz kam mit großen Schritten den Flur hinunter und reichte ihm eine ruhige Hand. Sein Händedruck: genau richtig. „Wir haben sie noch auf der Intensiv und möchten sie noch ein paar Tage dabehalten. Heute ging es schon besser, Sie können jetzt mit ihr sprechen, wenn Sie möchten?" Er hatte einen angenehmen Bariton in der Stimme, seine Augen blickten verständnisvoll.

Das erste Mal hatte sich Christian darüber gewundert, dass von ihm nicht mehr erwartet worden war, als anzugeben, welche Pillen Magda zu schlucken gewohnt war und mit welcher Art Alkohol sie sich vorwiegend abschoss. Es wurde notiert, kurz Auskunft gegeben, wie ihr körperlicher Zustand sei, und dann durfte er zu ihr.

Keine Frage, ob die Situation für ihn neu sei.

„Sie können jetzt gerne zu ihr und mit ihr sprechen." Keine Anleitung, wie man das große Schweigen bricht, das auch weiterbesteht, wenn beide schon zu sprechen begonnen haben. Keine Angabe, wie man „warum?" auch anders formulieren kann.

Und da lag sie, zerbrechlich und ätherisch, und lächelte ihm entgegen, die Formen noch leicht verzerrt hinter der unsichtbaren Scheibe. Und plötzlich waren sie wieder da, die Frühlingstage der aufgerissenen Fenster und dem weit geöffneten Portal.

Den richtigen Moment gibt es nicht. Nicht bei gewissen Dingen.

„Christian, so kannst du doch nicht weitermachen ...", sagte Frederik eindringlich zu ihm. Spätabends war Christian bei Mathilde und ihm vorgefahren. Magda hatte am Abend zuvor eine Überdosis Dormicum eingenommen und ihn anschließend angerufen: „Es geht mir nich gut, Chris, aber keine Sorge..." Dann hatte sie den Telefonhörer fallen lassen; der dumpfe Aufprall, ein Dröhnen im Ohr. Er hatte sie gefunden, den Oberkörper über die Toilette gelegt, kühl und schwer die Glieder, als wäre die Seele schon aus der Hülle getreten. Aus ihrer Nase lief Blut, es war warm und das einzig Lebendige. Die Arme fest um den Unterleib gelegt, drücken, ruckartig, mit aller Gewalt. Nochmals und nochmals. Bis es kam. Das erlösende Röcheln. Der zarte Körper spannte sich, bäumte sich auf und erbrach mit letzter Kraft das ihm zugeführte Vergessen. „Atme ... atme, verdammt!", der verzweifelte Befehl kam härter als erwartet. Dann kam der Notarzt. Kittelmenschen. Sie fuhren sie raus. Hatte er die gerufen? Er wusste es nicht mehr.

Schlafen. Schlafen.

Christian setzte sich auf die weiche Couch. Gegenüber saß Frederik in seinem Sessel, Mathilde auf der linken Lehne, einen Arm um die Schultern ihres Mannes gelegt. „Du musst was tun. Hol dir Hilfe, ich bitte dich, die macht dich noch fertig!", er war wütend, seine Stimme aufgebracht. „Was soll ich denn tun, Frederik, hä? Ich kann sie doch nicht einfach alleine lassen, ich liebe diese Frau!", brach er laut heraus. Krämpfe schüttelten ihn. Im Nebenzimmer begann die Kleine zu weinen und Mathilde verließ das Zimmer. Christian weinte still vor sich hin.

„Ich kann dich ja verstehen, bitte versteh mich auch. Ich mache mir echt Sorgen um dich", lenkte Frederik ein. Das Kind begann zu schreien. Durchdringend und laut, keiner sagte ein Wort. Christian blieb und lauschte lange den befreienden Tönen, bis sie verstummten und nur noch das beruhigende Summen von Mathildes Stimme zu hören war.

Er trank sein Glas leer, stellte es auf die Tischplatte des Couchtisches und stand auf.

„Bis morgen, Frederik ... Mathilde, gute Nacht, ihr beiden. Danke, dass ich vorbeikommen konnte." Die Haut des kleinen Gesichts war weich und warm, als er es mit zitterndem Zeigefinger berührte. Magda hatte den Duft des Kindes tief eingeatmet, als sie das fragile Geschöpf das erste Mal in ihren Armen hatte. „Wie gut du riechst, kleiner, neuer Mensch", und auf ihren Augen lag ein seltener Glanz, als sie zu ihm hingeblickt hatte.

Es war totenstill im Vorort, als er auf die lange Straße trat. Nur aus einzelnen Häusern fiel ein Licht nach draußen. Die Nacht war glasklar und die Sterne feierten Hochzeit.

„Wer sind Sie?", hatte sie ihn aus der Tiefe eines schwarzen Augenpaares gefragt, als sie sich das erste Mal auf einer Vernissage getroffen hatten. Und er war von der Aufrichtigkeit ihres Tonfalls so getroffen gewesen, dass er nicht anders antworten konnte.

„Ich weiß es nicht."

Autoren

OLIVER BERGER wurde 1984 in Beja/Portugal geboren. Mit zwei Jahren kam er nach Deutschland und wuchs auf in Kaufbeuren im Allgäu. Seit 2007 Studium der Pädagogik, Philosophie und Neueren deutschen Literaturwissenschaft an der Julius-Maximilians-Universität in Würzburg.

ANNIKA BLANKE, geboren 1984 im ostfriesischen Leer. Wortakrobatin und Zeilenstellerin. Promoviert derzeit in englischer/amerikanischer Literaturwissenschaft an der Universität Osnabrück. Ansonsten steht sie auf Poetry Slam-Bühnen (u. a. *Slam Tour mit Kuttner*), trinkt Tee am Deich und moderiert mit Eyla Rademacher den *Zollhaus-Slam* in ihrer Heimatstadt.

JÜRGEN BRAUN tanzt seit 1987 durch die welt. lebt, arbeitet, sucht, liebt, verfällt, liest, flucht, erblüht, chillt, hört, schreibt, stört, slamt, findet einen hauch von selbsterfüllung in und verschwindet nach dem studium der germanistik, ethik und philosophie aus dem wunderschönen marburg. wir müssen uns jürgen als einen glücklichen menschen vorstellen. sic!

JAN-PHILIPP DIETL wurde 1980 in Kiel geboren. Abitur und Zivildienst in Würzburg. Studium in Würzburg und Albany/New York. Erhalt eines Magister Artiums 2007. Heute Student für das Lehramt in Würzburg. Erste Veröffentlichung *Footnotes* 2006 im *Social Star Reader*, ab da immer wieder kleinere Veröffentlichungen und Lesungen, u. a. für den *Zündfunk*.

STEFAN GEYER wurde 1988 in Würzburg geboren und ist bis heute nicht weiter gekommen. Heute verbringt er seine Zeit mit historischen und philologischen Studien sowie anderen Nebensächlichkeiten. Nächste Lebensstation ist dann das Auswandern nach Arkadien, weitere Schritte ungewiss.

RALPH GROSSMANN wurde 1978 in Wertheim am Main geboren. Ausbildung zum Technischen Zeichner, danach Zivildienst und Abitur. Seit 2002 Studium der Vor- und Frühgeschichtlichen Archäologie in Freiburg, Würzburg und Uppsala/Schweden. Lebt in Würzburg.

MARIA HELD, geboren 1985 in Trier, begann 2005 ihr Studium der Germanistik und Anglistik an der Universität Freiburg. Nach einem Auslandssemester in Brighton wechselte sie an die Universität zu Köln. Die Liebe zur Literatur führte schon früh zum Schreiben. *Ein einziger Kuss* ist ihre erste Veröffentlichung.

SIMON HERZHOFF, ein niederrheinischer Autor des Jahrgangs 1981, studiert in Düsseldorf und veröffentlicht Kurzprosa in Zeitschriften und Anthologien.

ANNELIE KAUFMANN wurde 1984 in Vorwerk geboren und ist in Bremen aufgewachsen. Lebt zur Zeit in Münster und studiert Jura. Zuletzt Teilnahme am *Literaturautomat* des *zakk* Düsseldorf mit kurzen Gedichten unter dem Titel *jahreinjahraus.*

NATHALIE KEIGEL wurde 1983 in Rheinfelden/Schweiz geboren. Studium der Geschichte und Germanistik in Basel, Hamburg und Zagreb. Lebt und schreibt in Wegenstetten und Hamburg.

PHILIP KRAUSE, Jahrgang 1986, studiert Germanistik und Philosophie in Marburg. Er ist Initiator der *Lesebühne* in Gießen und nimmt selbst regelmäßig an der Marburger *Late-Night-Lesebühne* teil. Wale und Maulwürfe mag er, Poetry Slams nicht.

ANJA KRUSE wurde am 1982 in Frankfurt am Main geboren. Sie studiert in Frankfurt Sonderschulpädagogik auf Lehramt und arbeitet seit sieben Jahren bei der Lebenshilfe. Sie veröffentlicht regelmäßig Gedichte und Kurzprosa in der *AStA-Zeitung* der Uni.

MARTIN LERZER (*1972) hat im Jahr 2000 sein Diplom an der Fachhochschule gemacht und arbeitet seitdem als Bauingenieur. Nach neun Jahren im Beruf hat er sich nochmals an der FH Würzburg eingeschrieben: Er nimmt an dem Master-Studiengang Technikjournalismus teil. Martin Lerzer lebt mit seiner Familie in der Nähe von Würzburg.

PETER PODREZ wurde 1983 in Bielitz/Polen geboren und studierte von 2002 bis 2009 Theater-/Medienwissenschaft und Pädagogik in Erlangen. Er arbeitete an Hörspiel- und Kurzfilmprojekten und gewann diverse Hörspiel- und Literaturpreise. Ab Oktober 2009 wechselt er die Seiten und wird vom Studenten zum wissenschaftlichen Mitarbeiter am Institut für Theater-/Medienwissenschaft in Erlangen.

CHRISTIAN RITTER (*1983) ist Moderator der Würzburger Poetry Slams in der Posthalle und dem Mainfrankentheater. Er studiert Germanistik/Journalistik in Bamberg und schreibt seine Texte hauptsächlich, um sie vorzulesen. Dennoch hat er schon zwei Kurzgeschichtenbücher gefüllt. Aktuell: *halbneu*, Peter Hellmund Verlag.

AXEL ROITZSCH, geboren 1985 in Reinhardsbrunn/Thüringen, lebt in Regensburg und Garmisch-Partenkirchen. Seit 2005 studiert er an der Universität Regensburg Medienwissenschaft. *Die Spiegelachse* ist sein erster literarischer Text.

STEFANIE RUDOLF wurde 1985 in Ludwigsburg geboren. Seit 2004 Studium der Orientalistik und Germanistik in Erlangen.

CHRISTIAN SCHEPSMEIER wurde 1983 in Lübbecke geboren. Kindheit im kleinen Orte Barl. Seefahrt auf einem Minenjäger der Marine. Seit 2004 Studium in Bielefeld: Germanistik, Geschichte, Soziologie. Artikel und Photos für die regionale Presse. Seit 2008 freier Hörfunkjournalist: Beiträge für *NDR* und *Radio Bremen*. Mag Ponys und Marathon; liest gerne vor.

STEFAN SCHWINGHAMMER wurde 1979 in Dingolfing geboren. Abgebrochene Bauzeichnerlehre. Danach einige Gelegenheitsjobs. Schließlich Studium der Sozialpädagogik. Lebt heute in Würzburg und bringt sein Zweitstudium der Soziologie, Politik und Volkskunde zu Ende.

PATRICK WACKER, 1980 in Ostholstein geboren. Studium der Evangelischen Theologie in Kiel, als Schreiblehrer und Veranstalter tätig. Verschiedene Veröffentlichungen und Lesungen. Er ist theoretisch und religiös, einer, der das Meer liebt und Tee trinkt, Texte für andere schreibt und für sich liest.

CATARINA VON WEDEMEYER. Kommt. 1985 auf die Welt. Studiert. Romanistik und Islamwissenschaft in Freiburg. Geht wieder. Überlegt. Zieht nach Berlin. Hat noch einen Koffer in München. Schreibt. Geht weiter.

SONJA WEICHAND wurde 1984 in Würzburg geboren. Sie schreibt seit ihrer Kindheit Kurzgeschichten, Gedichte und Theaterstücke. 2009 beendete sie ihr Studium in Germanistik und Geschichte an der Universität Würzburg. In Zukunft wird sie im Bereich der Theaterregie tätig sein.

DOROTHEA WEISMANTEL wurde 1982 in Regensburg geboren und wuchs in Augsburg auf. Sie lebt zur Zeit in Würzburg, wo sie Sonderschullehramt studiert. Im Moment schreibt sie vor allem Lyrik und Kurzprosa. Ihre erste Veröffentlichung war der Prosatext *Kältere Tage* im *Kurzgeschichten-Heft 03/06*.

LINDA WERNER, geboren 1984 in Plauen im Vogtland, studierte Germanistik und Klassische Archäologie in Würzburg vom WS 2003/04 bis WS 2008/09.

Zeichner

OLIVER KRAFT, 1986 in München geboren, seit 2006 Studium der freien Malerei an der Akademie der Bildenden Künste Stuttgart bei Prof. Rolf Bier und Prof. Holger Bunk.